KB205493

디지털시대에
두 딸들에게 보내는

아빠의
손 편지와

딸의
감사이야기

글: 강홍천, 강다윤 그림·사진·꽃꽂이: 강다윤, 김은정, 코티지

내게 능력주시는 자 안에서 내가 모든 것을 할 수 있느니라.
(빌립보서 4장 13절)

contents

책을 만들며

어린 시절 저는 그림과 글쓰기를 좋아하던 아이였습니다.
꿈이 많았으나, 가난한 형편에 그 꿈을 펼칠 수가 없었습니다.
그래서 가끔은 원망도 했었습니다.
저희 아빠는 서울대학교 치과대학을 장학금을 받고 다니셨던 수재이셨습니다. 건국대학교 초대이사장이시기도 한 유명한 독립운동가 '강기덕'선생의 손자이시기도 하지요. 미션스쿨인 대광고등학교를 다니셨지만 그땐 하나님을 몰랐다고 말씀하십니다.
대학교 3학년 때 희귀병으로 사형선고를 받으신 후 학업을 그만두시고 요양을 하던 중 기적적으로 새 생명을 얻으셨지요.
하지만 한쪽 폐가 없는 상황에서 취직을 하기엔 힘든 일이였습니다.
결혼을 하셨지만 제가 초등학교 2학년 때 부모님은 이혼하셨습니다.
혼자서 두 딸을 키우시면서 정직하고 곧은 성격 때문에 사회생활이 쉽지 않으셨지만 생계를 위해 그림과 글을 쓰셨던 분이셨습니다.
아빠는 늘 두 딸에게 편지와 쪽지를 써주셨습니다.
생일이나 특별한 날에는 책 선물에 늘 편지를 써주셨지요.
그때는 쓴 소리만 같았던 아빠의 잔소리들이 너무 지루하고 짜증났었습니다.

시시해보이고 듣기가 싫었습니다. 하지만 아주 많은 시간이 지나고 그 구질한 편지들을 다시 읽었을 땐 이미 제 나이가 마흔에 다달았지요. 아!! 아빠의 잔소리가 삶의 진리였구나..
그 때 깨달았습니다. 그리고 사랑의 메시지가 너무나 귀하게 여겨졌고, 아빠의 잔소리들을, 그리고 신앙고백들을 다른 이들과 함께 나누고 싶은 마음이 생겼습니다. (원래는 제 묵상그림과 함께 실을 예정이였으나 글의 내용을 중점적으로 두고자 다음 기회가 된다면 그림묵상집을 내기를 소망합니다. 책에는 힘든 시기에 아이들과 같이 그린 동화책을 보고 그림들로 채웠습니다.)

* 그림의 저작권은 원작가에게 있습니다.

제게 이 책을 쓰고 싶은 목적은 세 가지입니다.

첫 번째로는 각박하고 부모와 자식의 대화가 많지 않은 세상에
가족과 따뜻한 사랑과 하나님을 아는 것을 유산으로
물려주고 싶었던 아빠의 고백을 나누고픈 마음이고,
두 번째로는 저의 평범하고 짧은 글귀지만 진솔한 고백들을 통해
공황장애나 우울증을 앓는, 혹은 마음이 힘든 사람들에게 조금이라도
위로가 되고 나의 일처럼 공감이 되고 싶은 마음과 힘든 시기를
함께 보낸 가족에게 선물을 주고 싶은 마음 때문입니다.
그리고 아빠의 기도 때문에 우리가 이렇게 잘살고 있노라고
아빠에게 답하는 저의 고백입니다.
마지막으로..
우리를 사랑하시고 끝까지 놓지 않으시고 25년 전 아빠를 만나주셨던

하나님이 25년 후 저의 삶에 찾아오셔서 역사하시는 하나님께 감사하고 영광 돌리고자 하는 신앙고백집이 되기 위함입니다. 편지나 쪽지 끝에는 늘 하나님께 감사드린다는 아빠의 고백이 너무나 짜증나고 싫었습니다. 세상적으로는 화려한 스펙을 가지셨던 집안의 아빠가 병들고 가난하고 외롭고 힘들게 살고 있는데 뭐가 감사하다는 건 지 몰랐습니다. 3평도 안 되는 단칸방의 가난이 뭐가 그리 감사한 지 몰랐습니다. 그러나 이제는 알 것 같습니다. 왜 그렇게 말씀하셨는지.. 아빠가 아픈 몸으로 그렇게 기쁘게 살아갈 수 있었던 이유가 무엇인지 말입니다. 이제 그 고백이 제 고백이 되었습니다. 하나님께 감사드리며.. 오직 주님이 드러나길 원합니다.

이 책을 우리를 만드신 하나님과 사랑하는 아빠, 저의 은인 故박선영사모님(하늘빛우리교회)께 바칩니다. 끝으로 부족한 저에게 격려사를 기꺼이 써주신 좋으신 강대형목사님, 왕재천목사님, 홍명환목사님, 차종환목사님, 이봉규목사님과 힘든 시기를 함께 보낸 나의 사랑하는 가족, 시부모님, 남편, 아이들, 동생가족 그리고 따뜻한 격려사로, 마음으로 응원해 준 저의 사랑하는 지인들, 수지선한목자교회 우리목장식구들, 시외삼촌이신 박창용교수님, 전승희집사님, 이향순집사님, 정성문집사님, 그림향기 김은정 작가님, 코지티님, 백향목교회 박상완목사님과 장석란사모님, 수 년전 내게 꿈을 찾게 해주신 홍지영 교수님 그리고 책이 나올 수 있게 도와주신 프린트 잇 사장님과 정혜경 디자인 팀장님께 큰 감사의 마음을 전합니다.

아...감사한 분이 너무나 많습니다. 사람이 선물이고 인생이 선물입니다. 그 선물을 주신 하나님께 감사드립니다.

주께서 나를 통해 일하시게 하라
주께서 나를 통해 기쁘시게 하라
주께서 나를 통해 나누도록 하라
그리고
내가 주님께 영광 돌리도록 하라.

- 강다윤 -

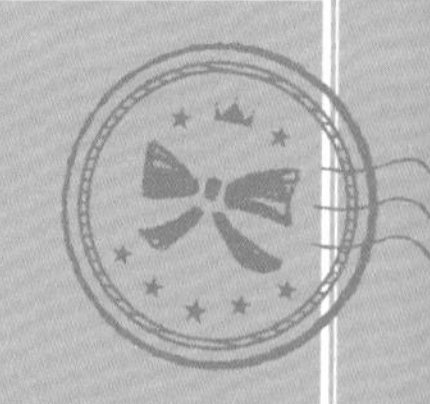

#part 1

믿음 안에서

감사하며

소망을 두며

행복을 말하며

딸의 감사이야기

사랑하는 첫째야

#1.

아빠가 오늘 아침은 못 들리고 그냥 나간다. 저녁에 갈게.
35년 전에 아빠는 의사선생님들에게 사형선고를 받은 적이 있지.
병원 문을 나와 영도다리를 건너면서
돌아가신 너희 할아버지께서 아빠한테 말씀하신 첫 마디가
“홍천아, 뭐 먹고 싶은 것 없니?” 였다.
1년이고 2년이고 꼼짝 말고 누워 있어야 되고
절대안정하며 지켜보자는 것이였다.
너처럼 부분장애가 되느냐, 안되느냐가 아니고 죽음이냐,
아니냐 하는 상황이였지.
아빠는 그땐 신앙이 없었지만 난 절대 죽지 않는다는 신념이 있었어.
그리고 어느 기간까지는 의사의 지시를 따랐지만
일정기간 후엔 내 의지대로 했단다.
지금 생각해보면 모두 하나님의 은혜였고, 섭리였었는데......
경화야, 그까짓 후각신경 정도로 네가 믿음이 흔들리고 의지가 약해지면
아빠는 어떻게 해야 좋겠니.....

***

20대 중반에 끔찍한 교통사고를 당하고

병원에 누워있었던 적이 있었다.

그때 전두동 골절과 얼굴부상으로

후각신경이 끊어졌을지도 모른다는 의사의 말을 듣고

절망한 적이 있었다. 멍하니 천정만 보고

한달을 그렇게 지내는 동안

아빠는 내곁에서 보호자석이 없어 침대아래에서

박스를 펴고 이불을 덮고 내곁을 지켜주셨다.

지금 생각해보면 모두 하나님의 은혜였는데...

사랑하는 첫째와 둘째에게

#2.

오천원 놓고 나간다. 나누어 가져라.

정윤이가 어제 반찬 많이 샀으니까,

정윤이가 더 갖는 것이 어떻겠니?

아빠 감기가 너무 심하구나.

오늘도 하나님께서 너희와 함께 해주실줄을 믿는다.

기도 게을리하지말고..

모든 일에 하나님을 먼저 생각하거라.

그게 축복의 길인 것이야..

하나님 은혜에 감사드리며...

- 아빠가 -

사랑하는 첫째와 둘째에게

#3.

경화야..감기가 심한데 옷 따뜻하게 입어라.
주일을 지키는 점에선 경화는 모범생이고 아빠는 낙제생이구나.
미안하다...
사랑하는 둘째에게
정윤인 바른 생각을 가지고 잘해나가는 줄 알지만 언니 좀 도와줘라.
조그만 일이나마.....
3천원 놓고 나간다...
늘 하나님의 은혜에 감사하면서.....
간절히 기도하고... 노력하면 안 되는 것이 없다고 아빠는 믿는다.
저녁때까지 Bye~~ Bye~~

“

그러므로 형제들아 더욱 힘써 너희 부르심과 택하심을 굳게 하라
너희가 이것을 행한즉 언제든지 실족치 아니하리라.
(베드로후서1장10절)

K.NEDFRSTIGT
J.DORP

사랑하는 첫째에게

#4.

(앞에 편지 분실 생략)

성경말씀에 이런 말이 있지.
디모데전서 6장 10절 '돈을 사랑함이 일만 악의 뿌리가 되나니 이것을 사모하는 자들이 미혹을 받아 믿음에서 떠나 많은 근심으로서 자기를 찔렀도다.
아빠는 이렇게 생각해.
자기 자신의 허영을 위해서 절실히 돈이 필요해진다면 그건 돈을 사랑하게 되는 원인이 되는 것이고, 자기가족을 위해서, 불행한 이웃을 위해서, 하나님께 바치는 십일조를 위해서 돈이 필요해진다면 그건 우리가 살아가는 수단으로서 축복받기 위한 도구가 된다고....
너도 알다시피 아빠도 지금껏 복 받을 짓을 못하고 있잖아.
주일을 지키지 못하지(주일에도 일을 하셨다)...
하나님께서 모든 것을 주시고 내가 버는 것도 전부 하나님 마음대로 하실 수 있는 물질인데 그중 십분의 일만 바치고 십 분의 구는 마음대로 자신이나 가족을 위해 사용해도 좋다는데도 그 십분의 일도 내놓지 못하는 걸...

십분의 구인 사용인가 몫도 내 이기적인 목적으로 쓰라고 허락하신 것이 아니야.
하나님의 뜻에 합당한 생활수단으로 자신에겐 경건한 생활을 위한 것으로, 이웃에겐 봉사를 위한 물질로,
자신의 미래설계를 위한 저축으로 사용하라는 것이지.
논노, 쁘랭땡, 비제바노..등등 언제부터 이 나라가 온통 꼬부랑 글씨 메이커 제품이 아니면 촌스러운 옷이라고 여기는 천박한 문화권이 됐는지 한심스럽구나.
너무 병들었어. 프랑스 파리도 이렇지 않다더라. 개성 따라 입지.
경화야! 미안하다.
아빠의 너무나 지루한 잔소리....
경화는 이러고 싶을 거야.
'잔소리는 이제 그만~~ 상처 주는 일도 그만~~
우우우~~~ 내게 돌아와 줘요,..돈만~~~'
드라마 파일럿의 테마뮤직인가 뭔가...

아빠는 허덕이고 있고, 하나님의 십일조도 떼어먹고, 돈이 아주 필요하지만 나를 위해서 보다는 너희들을 위해서 쓰려고 노력하고 있다고 생각해.

그런데 어떻게 하니..

이제 무능해졌고 늙었고 하나님께 바치는 십일조.

이웃에게 봉사하는 행위하나도 못하고 있잖니,

어려운 생활도 핑계일수도 있지만

첫째는 습관이 안 되어있기 때문일 거야.

내 핏줄인 너희들을 생각하는 아주 좁고 처량한 인생이 되었단다.

경화야!

정윤이에겐 네가 살아가는 거울이고, 선배이고 그렇단다.

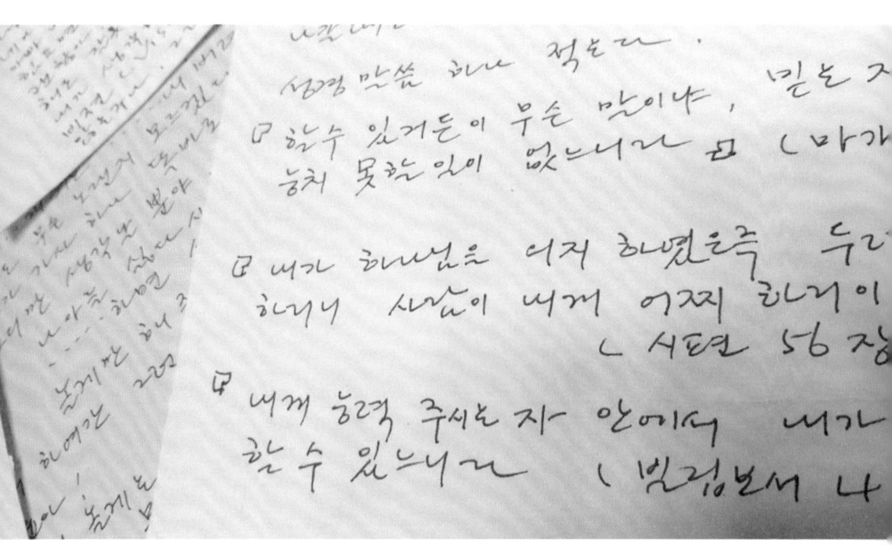

정윤이에게.

'따안 따단다 따안 따 다단 따...

나~는 잔소리가 싫어~~ 나~는 무슨 말도 싫어~~

날 내버려둬줘요~~'

아빠도 무슨 노랜지 모르겠다.

내가 유행가 가사 하나 똑바로 아는 게 있어야지.

멜로디만 생각날 뿐이야.

나~~를 싫다 시면 싫어

........라면 싫어~~(이 부분은 올라가는 부분이야)

놀게만 해주세요..

뭐 하여간 그런 노래가 있어.

정윤아!

그래 놀게는 해줄게. 그런데.. 그런데 말이다.

어떻게 무슨 계획으로 노는가가 문제야..

어떤 생활습관으로 노는가가 문제이고,

아침에 늦게 일어나는 연습,

손가락에 은반지 많이 끼는 연습,

집안 사소한 일 안하는 연습,

괜히 업자들끼리 전화 걸고 받는

전화 받는 법 잊어버릴까봐 수화기 드는 연습,

수화기 내려놓는 연습..

어쨌던 사람은 좀 바빠야 된단다.

친구들끼리 만나면 건설적인 애기가 오가야 되고 그럴수록 실업자를 면해야되고 12월엔 학원 보내주자고 언니하고 합의했는데 정윤이도 네 일이 있어야 생활의 활력이 있으니까..
아르바이트자리라도 알아보고,,,
그러나 아빠나 언니 눈치가 보여도 업자여도 좋으니까
네 마음가짐이 항상 그래야 된다는 것이야.
그리고 아빠 말에 순종하듯이 언니에게도 깍듯이 대하고...
너한테는 지금 언니가 봉이야, 알았니?
시간이 너무 길어져 이만 쓸련다.
성경말씀을 마지막으로 적어본다.

"
자기의 육체를 위하여 심는 자는 육체로부터 썩어진 것을 거두고
성령을 위하여 심은 자는 성령으로부터 영생을 거두리라.
(갈라디아서 6장 8절)

"
너는 내일 일을 자랑하지 말라,
하룻동안에 무슨 일이 일어날런지 네가 알 수 없음이라
(잠언 27장 1절)

2만원 놓고 나간다.
언니는 오늘 하루 안줘도 될 거야. 언니가 나보다 부자니까..
내일은 아빠가 더 부자이겠지만..
언니한테 오늘 반찬 부탁한다고 그래라. 업자 안녕. 빠이빠이~~

Junny
올로그 스토리북
for KAKAO

사랑하는 첫째와 둘째에게

#5.

오늘 비가 온다고 했으니까 우산가지고 나가거라.
정윤인 일어나서 주기도문부터하고 나갈 때도 하고..
성경말씀 하나 적는다. 꼭 묵상 하거라..

“

할 수 있거든이 무슨 말이냐, 믿는 자에게는 능치 못할 일이 없느니라

(마가복음 9장23절)

“

내가 하나님을 의지하였은즉 두려워 아니하리니 사람이 내게 어찌하리이까

(시편56장 11절)

"

내게 능력주시는 자안에서 내가 모든 것을 할 수 있느니라

(빌립보서 4장 13절)

정윤인 2천원 더 가지고 가라.

경화는 평화시장에 옷이나 사러 다녀오고..

다시 부탁하는데 따뜻하게 입고 나가라.

꼭 기도하고, 하나님 은혜에 감사드리며..

아빠가

사랑하는 딸 경화에게

#6.

우리 경화가 신경이 많이 약해졌구나.
집에서 지내고 그러면 누구든지 약해지게 되어 있다.
열심히 땀 흘리고 무료한 시간을 갖지 않으면 다시 건강해진단다.
걱정하지 말거라.
이제 다 잘될 거야.
단 한 가지 네가 명심해야 될 아주 중요한 일은 믿음을 늘 갖고
"어디엔들 하나님 앞이 아니겠습니까"라는 바른 생각으로 살려고
하는 자세를 갖추었을 때 모든 것이 걱정 없이 잘 되는 것이다.
아빠의 재촉이나 핀잔이 네 신경을 약해지게 한 한 요인이 됐겠구나.
하나님께선 네 주위의 사람들을 동원해서 너를 깨우치시기도 하고
권면하거나 위로해주시기도 한단다.
아빠도 역시 마찬가지로 너를 통해서 과거를 뉘우치게도 되었고,
위로받고 은혜 받았지.
경화야, 너는 다른 사람보다 아주 훌륭한 능력과 소질을 하나님께
선물 받았어.
이제 마음만 바로 세우고 강하고 담대히 갖고 있으면 되는 거야.
이런 말이 있지.

"하나님의 맷돌은 천천히 돌지만 확실하다"는...
너나 나의 방법이 아닌 하나님의 방법으로 주어진 환경에 순종하고 감사하면서 살아가려고 할 때 축복이 소나기처럼, 내일이라도 쏟아진다는 것을 아빠는 믿어. 그러니까 어떤 문제든 머리를 짜내어 해결하려고 하지 마. 무릎을 꿇고 기도하면 되는 것인데...
그것이 바로 하나님의 방법이라는 것을 아빠도 최근에야 알았지.
싫은 사람도, 좋은 사람도, 피하고 싶은 환경도, 머무르고 싶은 환경도 사랑하고 감사할 수 있단다. 마음만 바로서고 담대해지기만 하면 말이다.
로마서 8장 28절 말씀을 아빠 너무 좋아하는데 체험해보니까 지나고 보면 싫고 좋던 사람들, 그런저런 환경들이 하나님께서 나를 보호하고 인도해주시기 위한 선(善)이였구나! 하는 깨달음이였지.

"

우리가 알거니와 하나님을 사랑하는 자, 곧 그 뜻대로 부르심을 입은 자들에게는 모든 것이 합력하여 선을 이루느니라

(로마서 8장 8절)

사랑하는 첫째에게

#7.

경화야. 의료보호증 아빠방 맨 윗 서랍에 있다.

왠만하면 월요일 병원엘 가고, 김치해서 밥 꼭 먹고..

김치찌개는 네가 먹으려면 아침에 끓이되 김치 너무 많이

소비하지마라.

모든 것은 기본적인 것에서 시작되는 거야.

건강도, 일도, 생활습관도...

늦을 것 같지만 천천히 그러나 착실히(Sloww and Steady).

우습고 별 것 아니게 느껴지는 아주 조그만 일에서부터,

기본 생활습관이 잘 갖추어질 때 그것이 가장 빠른 길이라는 것을

아빠도 나이 마흔이 넘어서야 알았단다.

경화야~!

부탁한다. 날 위해서가 아니라 네 장래를 위해서 그리고 신앙 안에서

네가 깨뜨려져야 돼. 강경화가 너무 마음 속에서 살아있으면 아무

일도 안 된단다.

명심하거라. 하나님 은혜에 감사드리며..

아빠가

경화에게

#8.

경화야. 넌 내가 하나님이니.. 창조주니 말하면 안 믿겠지만 그리고 아마 속으로 반발하겠지만 나도 그랬어.
성경이라는 복음을 접한 것은 10대였는데. 뼈 저린 경험 후에 50대에 주님을 영접했으니까 40년을 헤맸지. 살아가면서 자꾸만 안 믿으려 해도 이 세상 만물의 이치가 창조주를 안 믿을 수 없더구나.
그러니까 요즘 들어선 박사니 과학자니 소위 세상 지식의 지성인들이 하나님을 믿는 사람들이 많단다.
내가 예를 하나 들겠다. 우리가 사는 1년이 12개월이야. 동양철학에서 몇 살이면 무슨 띠 무슨 띠 하는 관상을 보는 것도 12가지 동물을 지유해서 토끼띠 무슨 띠 하지.
이 열둘(12)이라는 숫자는 근 4000년 전 야곱의 12명의 아들들, 이스라엘의 12지파, 그리고 2000년 전 예수님의 12제자. 이렇게 성경과 일치하는 일이고 아주 놀라운 것은 여인이 임신을 해서 아기를 가지면 즉 남자의 정자가 여자의 난자에 수정이 되면 그 시간으로부터 12시간이내에 염색체는 유전자를 교환하고 세포분열이 시작되어서 2개에서 4개 8개 16개.. 이렇게 빠른 속도로 번져서 12주(약3개월) 후면 완벽한 인간이 되어 키 5cm 몸무게

20~30g, 지문까지 생긴다고 한단다.

물론 그 이전에 임신 3주(20일)만 되어도 벌써 태아는 심장박동을 한다고 한다. 아무리 컴퓨터의 칩 하나에 수 만자를 입력시킬 수 있다고 자랑하는 현대과학이라도, 육안으로 보이지도 않는 작은 수정란 하나에는 수 억권에 해당하는 정보가 입력되어 있어서 12시간이내 유전자 교환, 12주째 완벽한 인간의 아기가 배안에서 기도하는 자세로 숨 쉬고 있다는 이 '12'의 창조섭리를 누가 어떻게 해석하겠니, 어디 그 뿐이냐, 1시간 1시간 되어지는 일이 자세히 보면 놀라운 일이 너무 많아.

경화야, 자기가 바른 생활을 못하고 생각이 병들어 있을 땐 옳은 얘기해주는 사람이 그렇게 싫고 잔소리가 싫고 자기에게 달콤한 사람, 자기 분위기에 따라주는 사람이 좋지.

내가 너와 함께 있을 수 있는 시간이 그렇게 많지 않다는 말은 건성으로 하는 말이 아니야, 매일 느끼는 고통 속에서 너무나 안타까운 나의 울음의 소리야...

지금이 새벽 5시다. 한 시간이라도 잠을 청해야겠다.

하나님 은혜에 감사드리며..

사랑하는 첫째에게

#9.

어제 네 잡비까지 반찬 샀으니까 만원 가지렴.
똥윤이시끼한테 언니는 큰 그릇이니까 잘 모시라고
아빠가 편지 썼단다. 잘했지?
그런데 아무리 큰 그릇이라도 자기가 강해지고 목표가 확고히
서 있는 사람에겐 순탄하게 풀려나가지만 어정쩡하게 자신이
안 서있는 상태나 자기 일을 확고히 하지 못한 상태에서의 만남이나
교우관계는 자칫 고난과 수난의 연속이야.
아빠 말 명심해 주길 바란다.
전도서 3장 말씀처럼 사람에겐 각기 저마다 때가 있는 거야.
그 때를 인식하지 못하고 허송하면 그 나머지 인생은
불행과 종속의 삶이 되지.

아빠가 단언하지만 지금 우리 경화는 우선 네 길을
개척하는 것이란다.
물론 믿음 안에서... 잘할 수 있으리라 믿는다.
하나님 은혜에 감사드리며.. 아빠가

JUHEL-BILOT & Cie
Bordeaux
HAILLECOURT
JUHEL-BILOT & Cie
Bordeaux
HAILLECOURT

사랑하는 첫째에게

#10.

경화야, 혹시 아빠가 너 교회갈 시간까지 들어오지 못하면 감사헌금 꼭 가져다 내어라. "병원에서 무사히 퇴원함을 감사드리며"라고 적어서-

하나님 은혜에 감사하면서 목사님께 인사할 때 아빠의 감사인사도 전해다오,

한 번 찾아뵙겠다고--

사랑하는 둘째에게

오늘은 부활절이란다.

예수님이 우리가 죽고 나도 다시 영원히 천국에서 살 수 있도록

십자가에서 돌아가신 후 사흘 만에 부활하신 것을 기념하는 날이지.

오늘 언니 교회가는데 같이 가주렴.

아빠가 10시 30분까지 집에 돌아오지 못하면 늦게 돌아올거야.

밥 새로 해놓았다. 올 때 반찬 사올게...

하나님 은혜에 감사드리며.. 아빠가

사랑하는 경화, 정윤에게

#11.

좋은 아침이구나. 오늘 하루 24시간 중 단 한 두시간 만이라도
유익하고 생산적인 시간이 되었으면 한다.
기도하는 1분도 가지길 바란다.
그럼 저녁까지 안녕..

경화야!

#12.

이건 삶은 계란이니까 아침 거르지 말고 먹으렴.
그리고 오늘 토요일이니까 평소보다 조금 일찍 나가서 어제 판매한 대금 입금시키고..

경화야!
상대가 똑똑하던 바보스럽던 누구던 간에 다른 사람의 일을 해줄 땐 성실하고 정직하게 해주면 후일 그것이 네게 다 돌아온단다.
아주 작은 일에 충성하라..고 성경도 말씀했잖니..
아빠가 또 잔소리했지만 그것이 진리인데 어떡하니..
하나님 은혜에 감사드리며.. 아빠가

사랑하는 경화야!

#13.

어느새 우리 경화가 그렇게 성숙했구나, 하는 깨달음이 아빠는 너무 기뻤단다. 네가 직장을 다니고 안다니고 월급을 받아서 나에게 봉투를 내밀고 안내밀고 하는 그런 차원의 문제가 아니야. 아빠가 평소에 늘 네게 강조하는 적은 일에도 생각이 머물고 네 나름대로 생활인이 되려고 하는 노력과 고민을 들을 수 있었기 때문이다.
경화야, 그동안의 많은 잔소리 미안하다.
작은 일에 충실한 것, 꾸미지 않는 자연 그대로의 아름다운 모습은 마음의 화장법으로서만 가능하고 그것이 또 영원한 것이란다.
어젯밤처럼 그 작은 행동이 눈썹의 짙은 화장을 지울 수 있는 조그만 행동이 가장 큰 것이고 훌륭한 너의 모습이란다.

남들이 크게 보아주는 것, 훌륭하다고 생각하는 것을 쫓아가지 말아라, 허망한 것이야.
오늘의 생활 습관이 그 사람의 미래를 결정짓는단다.

아빠의 게으른 기도마저 들어주시는 하나님께 감사드리며...

사랑하는 경화, 정윤에게

#14.

오늘은 주일인데 아빠가 일을 나가니 또 미안하구나.
안식일인 주일을 지키는 문제만은 너희들은 아빠처럼 되지 말아라.
아빠 닮으면 안 되지.
하나님께선 다음에..다음에..하고 미루는 아빠 같은 사람
오래참으시다가 혼내 주실거다.

사랑하는 두 딸에게

#15.

무슨 일이든 먼저 기도하고 시작하렴.
마음이 평안해지고 담대해 질거야.
경화는 이젠 어디에 내놔도 아빠가 안심이 된단다.
정윤이는 집에 있어주는 것만으로도 아빠는 기쁘단다.
잃어버릴 뻔 했던 자식을 찾은 것 같아서...
그런데 언니처럼 안심이 되지는 않는구나.

이 세상에서 너희 두 사람 제일 가까운 사이란다.
서로 사랑하고 껴안아주고 감싸 주거라.
세상적으로 보면 외롭고 불쌍하지만 너희들이 믿음 안에서
기쁨을 얻으면 더 깊이 있는 인생을 살 수 있단다.
하나님 은혜에 감사드리며...

사랑하는 첫째에게

#16.

아픈 몸인데도 불구하고 어제 주일 네가 교회에 참석해서 아빠는 무척 기쁘단다.
경화가 참 자랑스럽고,
난 요즘 너희들이 내 곁에 있다는 것이 얼마나 감사한지 모른다.
아빠는 아직 감기로 몸이 아프지만 일찍 나가련다.
일도 바쁘고 버스가 혼잡할 것 같아서..
하나님께서 함께해 주시면 이까짓 감기 문제도 아니야..

"

내가 하나님을 의지하였은즉 두려워아니하리니 사람이 내게 어찌하리이까

(시편 56장11절)

"

이는 세상에 있는 모든 것이 육신의 정욕과 안목의 정욕과 이생의 자랑이니 다 아버지께로 쫓아온 것이 아니요, 세상으로 쫓아 온 것이라.

(요한일서 2장 16절)

"

항상 기뻐하라. 쉬지말고 기도하라. 범사에 감사하라. 이는 주안에서 너희를 향하신 하나님의 뜻이니라.

(데살로니가전서 5장 16절~18절)

저녁까지 Bye~Bye~

사랑하는 첫째에게

#17.

경화야..

여기 신앙계 4월호와 5천원 놓고 나간다..아침 꼭 챙겨먹고

.

.

.

.

.

"

내게 능력주시는 자안에서 내가 모든 것을 할 수 있느니라.

(빌립보서 4:13)

아빠가

사랑하는 첫째와 둘째에게

#18.

정윤이 출근하기 전에 경화가 성경말씀 한 구절과 기도해주고
정윤인 주기도문 외우고 있지?
이만이천원 놓고 나간다.
각각 11,000원씩 나누어 갖고 토큰 하나는 정윤이가 가져라.
예비비로 주는 것이야.
특히 너희들에게 부탁하는 것은 찻길에서나 건널목에서 차 조심하고
한 눈 판다거나 다른 생각 곰곰이 하지 말고,,

"
마땅히 생각할 그 이상의 생각을 품지 말고 오직 하나님께서
각 사람에게 나눠주신 믿음의 분량대로 지혜롭게 생각하라
(로마서 12장 3절)

"
내가 하나님을 의지하였은즉 두려워 아니하리니
사람이 내게 어찌 하리이까
(시편 56편 11절)

사랑하는 첫째와 둘째에게

#19.

오늘 아빠가 일찍 나간다. 아빠가 부끄럽구나.
주일인데 아빠는 일 때문에 행동으로 보여 주지 못하면서
너희들에게만 교회 참석하라고 해서..
아빠위해 기도 좀 해주렴.
너희들을 주일을 지킬 수 있도록 인도하신 하나님께 감사드린다.
믿음으로 이끌어가는 경화가 아빤 참 든든하단다.
너희들을 허락하신 하나님께 감사드리며..
여기 헌금 놓고 나간다.

"
마음의 즐거움은 양약이라도 심령의 근심은 뼈로 마르게 하느니라.
(잠언 17장 22절)

"
너희 염려를 다 주께 맡겨버려라.
(베드로전서 5장 7절)

Gebera

사랑하는 경화, 정윤에게

#20.

오늘 무척 추운 날씨다, 영하 몇도 라는구나
너희들 둘 다 까만 타이즈 꼭 신고 옷도 두껍게 껴입고 나가야 한다.

***

경화에게 : 아빠 바지 표시한대로 줄여다오..
정윤에게 : 양산행 차비, 택시비 놓고 나간다.
차 시간이 지체될 경우에 따뜻한 것 사먹고..

집에서 떠나기 전에 '주기도문' 꼭 외우고 나가렴. 그리고
BUS안에서든 어디서든 마음 속으로 짧은 기도해라.

"주님 오늘도 저와 함께 해주십시요"하고~
그러면 마음이 평안해지고 담대해진단다. 어느 누구와 만나도
담대해지고 불안하지 않는다. 하나님 은혜에 감사드리며..

아빠가

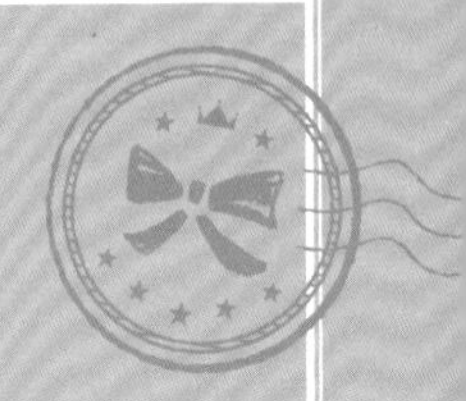

믿음
안에서

#part 2 감사하며

소망을
두며

행복을
말하며

딸의
감사이야기

사랑하는 두 딸에게

#1.

오늘 너희방하고 복도 걸레 청소 좀 하렴. 아빠 방은 하지 말고.
점심엔 된장찌개 같은 한식으로 꼭 챙겨먹고.
어려울 때나 걱정될 때 마다 기도부터하고 하나님의 뜻이 무엇인가
생각해보는 습관을 기르고--
날씨가 무척 춥구나. 모두 따뜻하게 입고 나가거라.
성경구절 하나 적는다. 다시 수첩에 옮겨 적어 일하면서 외워라.
하나님의 뜻을 생각하면서--

"

두려워 말라 내가 너와 함께함이니라.
놀라지말라 나는 네 하나님이 됨이니라.
내가 너를 굳세게 하리라.
참으로 너를 도와 주리라
참으로 나의 의로운 오른 손으로 너를 붙들리라.
(이사야 41:10)

경화야, 아빤 널 무척 사랑하고 믿는단다. 재능많은 우리 딸.

정윤아, 아빤 널 무척 사랑한단다,

항상 어벙벙하지만 정직하고 자랑스러운 나의 딸.

이 세상 누구와도,

이 세상 잘 났다고하는 사람 열 명과도

백 명과도 바꿀 수 없는 나의 딸들.. 사랑한다..

하나님 은혜에 감사드리며. 아빠가.

사랑하는 경화, 정윤에게

#2.

오늘은 성탄절..
우리의 영생을 위해서 주님이 오셨지.
성탄을 축하하고 새해 우리 가정의 성숙을 위해서 노력하자.
너희들을 허락해주신 하나님 은혜에 늘 감사한단다.

"
소망의 하나님이 모든 기쁨과 평강을 믿음 안에서 너희에게 충만케 하사 성령의 능력으로 소망이 넘치게 하시기를 원하노라.
(로마서 15장 13절)

너희들을 사랑하는 아빠가
(크리스마스카드 중에서)

사랑하는 첫째에게

#3.

우리 경화, 집에 들어와 감사기도부터 했는지 모르겠구나.
이제부턴 다 잘될거야.
차타고 올 때 머리 아픈 건 당연하지.
사고후유증이 오래갈 수도 있겠구나.
내일이나 모레 전복사다가 전복죽 해줄게.
네가 사고 당했을 때 내게 준 65,000원 놓고 나간다.
그리고 만원은 오늘 정윤이하고 된장찌개 같은
순수 우리 음식 시켜 먹어라.
양분식 같은 거 말고...
그동안 병원에서 마음 고생 많이했지?
너와 함께 하신 하나님을 믿어..
우리 첫째는 하나님을 믿는 것이 아빠 마음을 든든하게 해준단다.
하나님 은혜에 감사드리며 아빠가..

사랑하는 첫째와 둘째에게

#4.

그냥 나가려니 허전해서 2천원 놓고 나간다.

잔돈이 이것뿐이어서...

좋은 하루가 되거라.

너희들에게 풍족히 주지못하는 아빠가 미안하구나..

부족한 아빠지만 그럼에도 불구하고 하나님 은혜에 감사드리며...

아빠가..

사랑하는 경화와 정윤에게

#5.

잡비와 반찬값 만원 놓고 나간다.

김치, 멸치볶음, 상추 등 반찬 좀 사렴.

좋은 하루가 되고 하나님 은혜 잊지 말고, 기도하고 성경말씀 한 구절이라도 읽고...

아빠 다녀올게. 하나님 은혜에 감사드리며..

"

내가 아버지의 계명을 지켜 그의 사랑 안에 거하는 것 같이 너희도 내 계명을 지키면 내 사랑 안에 거하리라 내가 이것을 너희에게 이름은 내 기쁨이 너희 안에 있어 너희 기쁨을 충만하게 하려 함이니라.

(요한복음 15장 10절~11절)

사랑하는 첫째에게

#6.

아빠 일찍 나간다. 일을 하다가 괴정교회에서 예배 드릴께.
네가 병원에서 맡겨놓은 것 5만원과 감사헌금 5만원,
십 만원 놓고 나간다.
네 병원비가 20만원 미만이였으면 감사헌금을 더하고 싶었는데
아빠 가진 것이 현재는 이렇구나.
감기로 몸이 아프더라도 교회 꼭 나갔다왔으면 한다.
아빠도 너와 둘째위해 기도할게. 너도 동생을 위해 기도해주렴.
네 식사문제가 큰 일이다. 그리고 실족하지 않도록 행동 조심하고
구분을 분명히 하고, 하나님께 너무 감사한다.
우리가 환난 중에도 기뻐하나니 기억하자.
아빠가..

사랑하는 첫째에게

#7.

경화야, 오늘 하루도 수고.
지극히 작은 것에 성실하고 충실하겠다는 마음의 자세
흐트리지 말아다오.
그래야 네가 발전할 수 있고 무엇이든 이룰 수 있어.
사람은 흔히 생활이 조금이라도 바뀌면 그 전에 생각하고
괴로워했던 일들을 곧 잊게 된단다. 심지어 어제의 일도...
하나님께서는 너의 머리카락 하나라도 세시는 분이고
생각 하나하나를 읽으시는 분이야.
아빠가 너에게 항상 정직하고 생각을 바로 세우라는 것은
사람과의 관계가 아니라 하나님과 너와의 관계야.
직장이나 아르바이트라도 하고 싶었던 어제의 너를 생각하고
오늘 네가 일하는 그 자리를 허락해주신 하나님께 감사해야해.
그 작은 일이나마 너의 힘으로 된 것이 아니야.
순간적으로 교만해지거나 풀어지면 안 돼.
마음을 항상 즐겁게 지니고...
오늘 하루도 잘 보내렴.. 오늘도 하나님 은혜에 감사드리며..

사랑하는 경화야

#8.

경화야, 피곤하겠지만 오늘도 네가 맡은 직장 일에 충실하고
누군가가 너의 신경을 건드리고 괴롭힐 땐 먼저 기도하고 감사하렴.
분명히 그런 시련을 주시는 하나님의 뜻이 있을 거야.

남들은 그런 경우 화내고 찡그려도 경화는 밝은 표정을 가꾸기 위한
하나님의 뜻이 숨어 있음을 헤아리고 도리어 감사하는
훌륭한 사람이 될 거야.
아빠는 그걸 믿어. 하나님이 너를 통해 하실 일이 있음을 믿는단다.

"
너희가 내 안에 거하고 내 말이 너희 안에 거하면 무엇이든지
원하는 대로 구하라 그리하면 이루리라
(요한복음 15장 7절)

여기 만원 놓고 나간다. 맛있는 점심 사먹으렴.

사랑하는 첫째와 둘째에게

#9.

오늘은 아빠가 일찍 나간다. 신문스크랩 해놓은 거 읽어 보아라.
정윤이 취직이 잘 안됐다고 낙심하지 말고..하나님께서 준비하신 섭리가 있을 거야.
언니가 교통사고 당해서 집에서 쉬는 것도 깊은 뜻이 있단다.
우리는 현재를 불평하거나 답답해 할 것이 아니라 하나님의 깊은 뜻이 무엇인가를 기도하며 경건하게 받아들여야한다.

한 가지 분명한 것은 너희의 생활습관이 일찍 일어나는 것으로
바뀌지 않으면 아무 일도 안 되고 정신상태도 아무것도 할 수 없는
무기력한 낙오자가 된다는 것이야.

아빠는 너희가 다른 아이들보다
훌륭하게 될 것이라는 것을 믿고 있어.
비록 지금은 형편 때문에 남보다 조금 뒤져 있지만 분명
잘해나가리라 믿는다.

“
죄가 있어 매를 맞고 참으면 무슨 칭찬이 있으리요 오직 선을
행함으로 고난을 받고 참으면 이는 하나님 앞에 아름다우니라.
(베드로전서2장20절)

하나님 은혜에 감사드리며..

사랑하는 두 딸에게

#10.

경화 5,000원, 토큰 두 개

정윤이 3,000원

아빠가 새벽에 밥 해놓고 미역국 끓여놓고 태극기 게양했다.

오늘은 3.1절..독립운동하신 너희 증조 할아버지(고강기덕)를

생각하면서 경건히 지내길 바란다.

하나님 은혜에 감사드리며.. 아빠 갔다 올게.

사랑하는 둘이에게

#11.

첫째 6,000원

둘째 3,000원

아빠가 미안하구나...

하나님 은혜에 감사드리며...

사랑하는 경화에게

#12.

2만원 놓고 나간다, 가급적 이 만원 한도 내에서 옷 하나 사 입고
가격이 초과되거든 네가 보태렴.
아빠가 너희들 옷 하나 변변하게 사주지 못하면서 참견하는 건..
경화가 분수에 맞는 성실한 자세의 참으로
강한 사람이 되길 바래서 그렇단다.
우린 지금 임대아파트에 살고 있고 우리가 생각하기에 따라선
백화점의 40%세일 초청 전화를 받는다는 것은 부끄러운 일이지.

미안하다. 경화야..
내가 이깟 2만원주면서 너를 위축되게 하려고
잔소리 하는 걸 너도 잘 알거야.
오늘은 우리도 우리이웃도 불행하고 잘 못사는 사람들이 너무 많아.
이럴 땐 꼭두각시처럼 물질적으로는 풍부하지만 인격적으로는
형편없는 졸부들의 엑스트라 역할을 할 필요가 없는 것이야.
우리 형편에 맞게 감사하면서 아끼며 살자. 이웃을 생각하면서...
하나님 은혜에 감사드리며..

2016

사랑하는 경화, 정윤에게

#13.

아빠 나갔다올게. 내가 좀 더 젊었더라면..
좀 더 능력이 있었다면 너희들에게 더 나은
환경을 만들어 주었을텐데...

그러나 이만큼의 은총을 주신 하나님께 늘 감사한단다.
아빠 갔다 올게.

"

항상 기뻐하라 쉬지 말고 기도하라 범사에 감사하라 이는 그리스도
예수 안에서 너희를 향하신 하나님의 뜻이니라.
(데살로니가전서 5장 16절~18절)

사랑하는 경화, 정윤에게

#14.

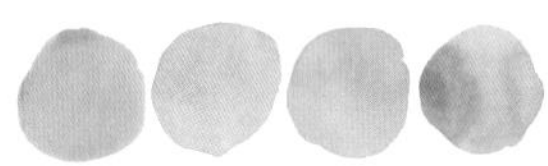

사랑하는 경화, 정윤아, 아빠는 지금 암이라는 육신의 고통 가운데 있지만 주님이 있기에 행복하단다. 아빠는 죽음을 두려워하지 않아.
이 세상 고통 끝나고 하나님 나라에 갈 건데 두려울 것이 뭐가 있겠니?
아빠는 감사하고 행복하단다. 그러니 너희도 슬퍼하지 마.
대신 당부할 것이 있단다. 아빠는 세상 지식에 많은 관심을 두고 살았어.
그런데 지나고 보니 아무 소용없더라.
세상 지식에 박식한 것은 의미가 없단다.
오직 성경 읽는 것에 더 많은 시간을 보낼 걸 하는 후회가 남는단다.
너희는 그러지 말아라. 믿음 안에서 감사하며 오직 하나님만 바라보며 살아라. 그게 하나님의 뜻이고 우리가 살아가는 이유야. 잊지 말아라.
지금의 고난도 아빠는 하나님께 너무 감사하단다.
너희들이 있어 행복한 아빠가.. 하나님께 감사드리며..

(돌아가시기 전 병실에서..)

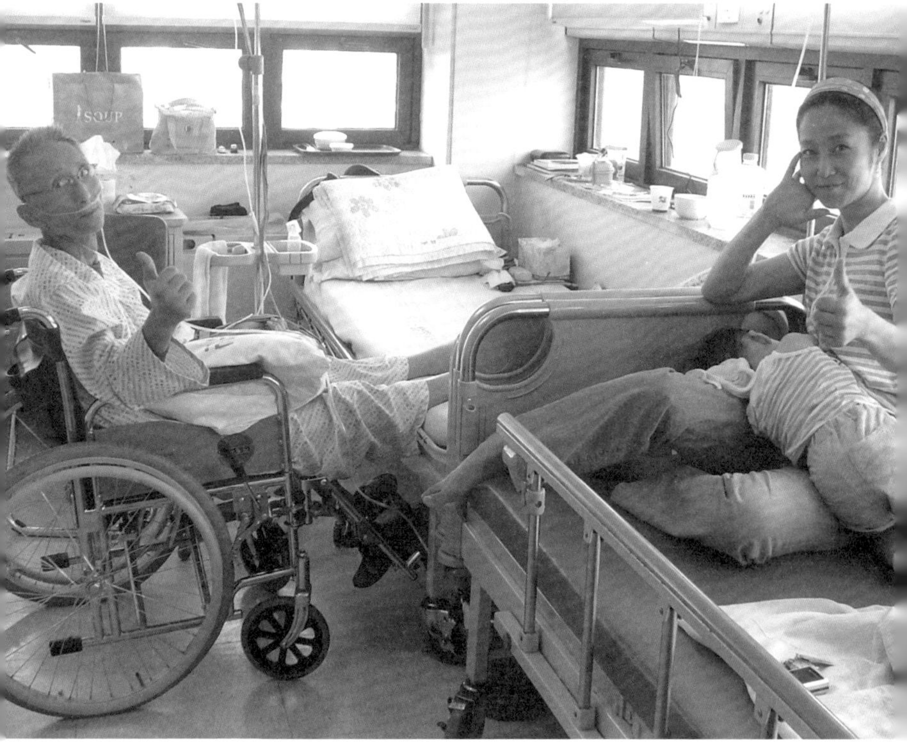

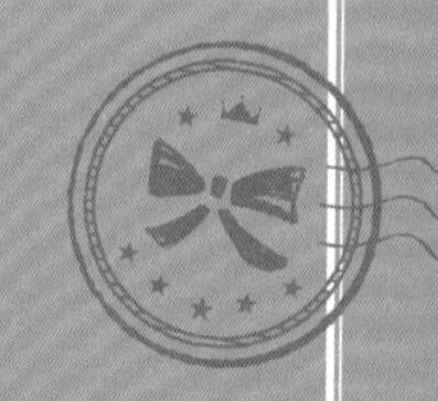

믿음
안에서

감사하며

#part 3

소망을 두며

행복을
말하며

딸의
감사이야기

훌륭하구나, 우리 큰 딸

#1.

네가 작성한 동영상 메일 제대로 나온다.
소스보기가 잘 안되어서 정확히는 모르겠지만 어쨌든 훌륭하다.
너는 원래 총명한 직관이 있으니까, 스스로 빨리도 터득했구나,
아빤 참 오래 걸렸는데...
그래 시험이 끝나거든 책도 보고 스스로 연구도 하면서 실력을 늘려
가면 놀라운 발전을 할 거야. 그렇다고 서두르지도 말고...
8월에 동사무소에선가 어디서 하는 무료강좌에 가면
설혹 네 수준 이하의 강의내용이라도 겸손하게 복습하고...
강사들은 수강생이 많이 안다고 하는 인상을 주면 괜히
부담을 느끼고 일부러 따돌리려는 속성을 드러내게 되는 것이
인간의 본능인 듯 하더구나.
그래도 동네의 강단에 섰다는 것 자체가 인정을 받았기 때문이니까
무엇을 한 가지 배워도 배울 수 있는 것이지.

그리고 도우미의 요건을 갖췄다고 평가해 줘야 되고...
아무튼 목표와 신념을 가지고 차근차근 준비해나가면
기회는 반드시 네게 찾아 올거야.
오늘은 몽마르뜨에 나가서 오랜만에 일하고 들어오니까
몹시 피곤한데 네가 하도 대견스러워서 길게 메일을 적었다.
건강에 유의하고 잘 지내거라.

2003.7.14. 11:30 아빠가
(아빠의 이메일편지)

사랑하는 첫째에게

#2.

네가 힘들어하는 것을 보니 아빠 마음이 너무 아프구나.
힘들면 그만두어도 아빤 괜찮아.
네가 지금 도중하차해도 잘못된 것 아니야.
내가 생각해도 그 회사 그렇게 비젼(Vision) 있어 보이지 않는구나.
그러나 그건 어디까지나 네가 결정할 문제지.
빌립보서 4장 13절 말씀을 적으련다.
"내가 궁핍하므로 말하는 것이 아니라 어떠한 형편에든지
내가 자족하기를 배웠노니 내가 비천에 처할줄도 알고 풍부에
처할줄도 알아 모든 일에 배부르며 배고픔과 풍부와 궁핍에도
일체의 비결을 배웠노라. 내게 능력주시는 자 안에서
내가 모든 것을 할 수 있느니라."

사랑하는 첫째야,
아빤 말이다. 네가 무엇이든 할 수 있는 능력을 가졌다고 생각해.
그리고 언젠가는 큰 인물이 될 거야.
잘 다녀 오거라. 하나님 은혜에 감사드리며.. 아빠가

사랑하는 경화야

#3.

오늘이 3주의 마지막 날이구나.
네 나름대로 맡은 직분에 열심히 노력한 걸
아빠는 먼저 하나님께 감사드린다.
아빠는 말이다. 안타까운 마음에 너에게 잦은 나무람과 네가 말하는
촌스러움으로 널 우울하게 했지만 늘 그 뒤엔 반성과 후회가 있었고,
사랑의 기도가 있었단다.

경화야!

사람들에게서 받는 칭찬이나 비난은 너무나 일시적이란다.

그리고 어떤 기회나 행운이 네게 왔을 때 그것이 네가 잘나서
네 힘으로 됐다고 생각하지 말아라.

인간의 생각으로 되어진 계획은 어느 한순간 여지없이
무너지고 비참해진단다.

경화야!

늘 겸손하고 남을 이해하려고 노력해.

아빠는 너무나 많은 것을 잃었고 사회적으론
실패한 낙오자가 되어 늙어버렸지만
아빠 자신은 성공했다고 생각하지.

왜냐하면 다 잃어버렸지만 가장 귀중한 걸 얻었으니까...

다 소유하고 가장 귀중한 걸 잃어버린 수많은 사람들보다
내가 얼마나 행복하냐.

그리고 너희들이 있잖아. 이 세상 두루 다 찾아봐라.

어디에도 강경화, 강정윤이 같은 녀석들 찾을 수 있나.

늘 아빠가 레코드처럼 써먹는 말이지만 아주 작은 일에 충성한 것이
큰 일을 하는 지름길이고 네가 시시콜콜하다고 여기는 것에
늘 변하지 않는 아름다움이 스며있단다.
화려해보이고 멋져보이고 커 보이는 것은 사실은 고무풍선과 같아

-또 잔소리가 길어졌구나-

그러나 아빠의 잔소리는 생명력이 아주 많이 있는 잔소리이기 때문에
네가 듣기 싫겠지만 쓴 한약 먹는 셈치고 순종하면 할수록
네겐 좋을 거야.

경화야!
시작하기 전에 먼저 주기도문 한번 하고,
오늘 하루, 돈처럼 저금할 수도, 물질처럼 재생할 수 도 없는,
우리 경화에게 주어진 인생의 길이가 24시간 또 줄어드는
오늘 하루('92.4.11)를 열심히 보내주렴.
그러고 보니까 아빠의 생일이 몇일 안남았는네. 생일선물은
천 원짜리 볼펜 하나 해주라.

dayun

사랑하는 첫째와 둘째에게

#4.

경화야.
무엇이든 서있는 그 자리에서 시작하는 거야.
그리고 만남은 굉장히 소중한 거야.
같이 일하는 언니에게도 너에게도 3주간이 소중한 만남이었고,
하나님의 섭리였다고 믿어.
일이 잘 풀리지 않는다고 낙심하지말고 열심히 노력하다보면
좋은 결과가 있을 거야.
정윤인 치과에 출근 안하기로 한 것, 잘했어.
아빤 네가 얼마나 열심히 살아가려고 노력하는 것을 잘 알지.
그런 마음가짐을 아빤 흐뭇하게 생각한단다.
돈까스 두 조각중 한 개는 냉동실에 넣어놓고 한 개는 구워서
반은 냉장고에 넣었다.
어제 네가 준 3천원 다시 줄게. 식용유가 없더구나.
저녁에 만나자. 아빠 다녀올게. 하나님 은혜에 감사드리며..

사랑하는 경화에게

#5.

어젯밤도 천둥번개가 시원하게 쳤지.
무서운 것은 장엄한 자연현상이 아니라 온갖 잡귀신이 들어 있는 사람들이다.
교활하고 사악한 생각을 가진 사람들이 현대에도 너무나 많아서...
오성식 생활영어 월요일이라도 사줄게.
경화, 요즘 참 잘하고 있는 걸 아빠가 안단다.
가장 견디기 힘든 시기를 참고 기다릴 줄 아는 네 마음의 자세가 네가 생각하고 있는 것보다 더 훌륭한거야.

아빠가 늘 말해왔지...

"생각이 바로서면 생활이나 일은 자연히 해결된다고..."

한 가지 아쉬운 것이 있다면 옛날 생활 습관이 아직은 깨끗이 청소되지 않고 있다는 것이다.

오늘 해야 할 사소한 일을 중요하게 여기고 작은 것을 아끼고, 일찍 일어나고, 살아있음을 감사하고... 이런 오늘들이 모여서 내일 되고 그런 내일들이 쌓여서 훌륭한 "강경화의 미래"가 형성된단다.

어제 겨자씨에 참 좋은 말이 나와있더라,

***

톨스토이의 단편 [세 가지의문]의 줄거리인데..

1. 모든 일에 중요한 때는 언제일까? 오늘(지금)

2. 어떤 인물이 중요한 존재일까? 지금 대하고 있는 사람

3. 세상에서 중요한 일은 무엇일까? 그에게 사랑을 베푸는 것

참 의미깊은 이야기 아니니?

오늘이 가장 중요하고 지금 옆에 있는 사람이 가장 중요한 존재이고, 그에게 사랑을 베푼다는 것은 화목해지는 첫 번째 요소 아니니.

5천원 놓고 나간다.

하나님 은혜에 감사드리며.. 아빠가

사랑하는 경화야

#6.

경화야, 지금까지 지나온 일은 제로(zero)라고 생각하는 거야.
잘 안풀린 "오늘의 나"도 잊어버리는 거야.
나의 자랑스러운 딸이 이제부터 움직이기 시작했으니까,
성령님의 도우심으로 우리 가정은 잘 될거야.
일을 시작하기 전에 반드시 기도하고, 무엇을 생각하기 전에
기도하면 이 세상에 겁나는 것도 없고 모든 것이 안 되는 것이 없다고
아빤 생각한단다.
기도가 잘 안되면 주님께서 가르쳐주신 주기도문 있잖니.
좋은 찬송 있지.
'오늘 집을 나서기 전 기도했나요' 그 찬송 참 좋더라.
아빠가 늘 말하는 것처럼 이상(理想)은 높게 가지되 생활은
현실에 발을 디디고 현실의 계단을 한 계단 한 계단 밟아 올라갈 때
이상(꿈)을 빨리 이루는 지름길이 되는 거야.
그래야만 성공할 수 있고...
신문에 좋은 기사가 나서 여기 첨부한다.
일찍 일어나는 것, 그것이 건강한 생활인 것은 틀림없단다.
남과의 경쟁에서 이기는 길이고.....

자~! 우리경화 이제부턴 정말 시작하는 거야.

그래서 인생의 경주에서 승리하는 거야. 파이팅~!

아빠가

***

신문기사내용

야생동물은 왜 병이 없을까?

자연의 섭리에 따라 살아가는 야생동물은 병이 없다고 합니다.

비결은 바로 일찍 자고 일찍 일어나는 것입니다.

12시 이전의 수면은 그 이후의 수면에 비해 2배나

효과적이라고 합니다.

새벽 일찍 일어나서 경건의 시간을 가지는 것, 그리고 남보다 알차게

하루를 시작하는 것, 야생동물에게서도 배울 수 있는

이 건강의 비결을 실천하는 이랜드가족은 새벽출근으로

남과 다르게 하루를 시작하여 퇴근 후는 가족과 함께

저녁시간을 보냄으로써 건강한 가정을 만들기 위해 노력합니다.

경화야

#7.

잔돈이 15,000원뿐이구나.
저녁에 들어와 교회 헌금 줄게.
이제 믿음 안에서 바로 섰는데 옛날 습관들은 좀 고쳤으면 좋겠구나.
사람이 결단을 내릴 줄 알아야 하고 실행에 옮기고 해야 되는데...

사랑하는 나의 딸 경화야!!
너도 잘 아는 빌립보서 4장 11~13절 다시 한 번 읽었으면 한다.

우리 가정은 지금도 물질적으로 궁핍한 가운데 있지만 2~3년 전
비참했던 주거환경을 되돌아보면서 자족하고 인내해주길 바란다.
요즘 며칠사이에 네가 다시 무기력해지는 것 같구나.
전도서 3장 때에 관한 말씀이 생각난다.
나의 자랑스러운 딸은 잘할 수 있을 거야. 아빠는 믿는다.
하나님 은혜에 감사드리며..아빠가

사랑하는 경화야

#8.

경화야. 네 건강이 염려되는구나,
그러나 네가 성급하거나 당황하지 않고 조그만 것부터 차근차근 고쳐나가면 너의 건강도 너의 미래도 훌륭하게 될 거야.

영어속담에 이런 말이 있단다..
Slow and Steady wins the race.

직역하면,
'천천히 그리고 착실하게 하는 것이 경주에서 이긴다.'

늦더라도 착실하게 나아가는 자가 결국 인생에서 승리하는 것이야.
기독교 신앙도 자기를 부인하고 자기라는 이기심, 독선, 고집을 버리고 자기가 부서져 버릴 때 진정 예수님의 십자가를 인정할 수 있고 성령이 우리 마음을 주관하신다고 믿어...

경화야,

식사도, 청소도, 직장일도..

작고 사소한 것부터 평범한 것부터 해나가는거야.

오늘 오후부터 비가 온다니까

우산하고 따뜻한 스웨터 같은 것도 가지고 가라.

교회에 가려면 비 오는 밤공기는 아주 칙칙하고 습기 때문에

호흡기엔 특히 나쁘고 네 기침에도 나빠.

건강에 유의하고 7천원 놓고 나간다.

하나님 은혜를 잊지 말거라.. 아빠가

보테니컬아트 책을 보다가

사랑하는 나의 첫째, 경화야

#9.

아빤 네가 곱사리끼어 아빠 방에서 자는 바람에
잠을 2~3시간 밖에 못자고 일찍 나간다.
이 녀석아, 무슨 자식이 그렇게 마음이 약해. 좀 강해져라.
낮에 잠 좀 자야할텐데 큰일 났다. 아빠 건강도 좀 생각해줘야지...
다시 말하지만 문제해결을 머리가 아닌 무릎으로 해봐, 다 잘 될거야.
지금 분명한 우리 가정의 우선 순위는,
첫째는 하나님에 대한 신앙심이고,
둘째는 아빠와 너희가 건강을 지키면서 더 나은
생활터전을 만드는 일이야.
그러면서 조금만 여유가 생기는 여건이 되면,
영어학원 다니고, 컴퓨터 배우고,
경화는 영국에 가고, 정윤이는 프랑스에 가고,
아빠는 두 녀석 중에 한 녀석이 비행기표라도 보내주면
성지순례한번하고...

내가 꿈이 너무 컸나?
꿈이 너무 야무졌나?

너희는 어느 세월에~하고 웃을지 모르지만 아니야.
너희 마음 먹기에 달렸어. 그러나 아빠가 여러 번 반복하지만
꿈을 이루는데는 꼭 필요한 원칙이 있고 주의사항이 있지.

원칙은 오늘 내가 서 있는 자리에서 한 발자욱씩이고,
주의사항은 성급하면 절대 안 된다는 것이란다.

『다시 쉽게 말하면』
경화는 1110호 솥뚜껑 운전기사(밥순이) 임무에 충실하면서
내일을 설계하는 것이고 정윤이는 세탁기 기사(짤순이)로서
우선 언니 존중해주고 화목하는 거야.
그러면서 기회 생기면 취직도 하고, 공부도 하고,
물론 졸업하면 언니와 함께 교회청년회원이 될 거고...
그러면서 영국가고 프랑스가는 거야,
누가 먼저 갈지는 나도 모르지. 아빠 나갔다 올게.
하나님 은혜에 감사드리며.

경화, 정윤이에게

#10.

아빠 1시 30분에 일어나서 목욕하고 머리 감았다.
아빠가 이런 훌륭한 점도 있단다.
너희 방에 가서 드라이 기계 갖다가 머리 말리면서
문득 생각이 나더구나.

이 드라이기하나 내가 사주지 못했구나.
저희들끼리 입는 옷 하나, 일용잡화 하나, 여학생으로 갖고 싶은
하나하나 해결하려고 얼마나 힘들었을까..

특히 경화는 더 궁핍했을 거야, 미안하구나...
아빠는 잔소리만 했지. 그러나 어쩔 수 없단다. 아빠도 철이 들고
깨달았을 땐 이미 능력을 잃었을 때이고 열심을 다했는데도
안 되더구나.
너희에게 지금 무엇이 필요하고 어떻게 하는 것이 좋은 것인가를
알면서도 내가 해줄 수 있는 것이 고작 침식을 해결하는 정도이고
그나마 잔소리로 '힘내라, 노력해라'하는 원칙을 그리고 경험을
이야기해줄 수 있는 정도이니...

전도서 3장에 보면 천하에 범사가 기한이 있다고 했고 모든 목적을 이룰 때가 있다고 했지. 아빠는 너희들이 아빠처럼 늦게 깨닫지 말고 일찍 깨달아서 아빠처럼 힘든 인생을 살지 않기를 기도한단다.
어려운 환경이라고 낙담하고 힘들어하면 더욱 무기력해지고 용기를 잃게되고 아무리 어려운 환경이라도 하나님께서 주신 훈련기간이라고 생각하고 분발하면 역경은 좋은 기회인 것이고 너희들은 남보다 더 강해지는 것이란다.

"

우리가 환난 중에도 즐거워 하나니 이는 환난은 인내를, 인내는 연단을, 연단은 소망을 이루는 줄 앎이로다

(로마서 5장 3~4절)

소망이 무엇이니?
자기가 이루고자 하는 목적이고 바램이 아니니?
이 로마서 5장 말씀하고 '내게 능력주시는 자 안에서 내가 모든 것을 할 수 있느니라'는 빌립보서 4장 13절 말씀으로 무장하면 너희들에겐 틀림없이 훌륭한 미래가 열릴거야.
그리고 아빠 잔소리 잊지 마.

1. 천천히 그리고 착실히 (Slow and Steady)
2. 한 발자욱 한 발자욱씩 (Step by Step)

절대 성급하지 말고 돌아가는 것이 가장 빠른 길이라는 것도 잊지마.

경화 영어공부하는 것 우리 생각해보자.
어젯 밤에 아빠가 너무 피곤하고 졸려서
그만 제대로 대꾸도 못했구나.
미안하다..

사랑하는 경화, 정윤에게

#11.

잠시 쉬고 있어도 아침 일찍 일어나는 습관이 안 되어 있으면
아무 것도 못해.
왜냐하면 그것이 모든 일에 기초이니까..

아침 일찍 일어나면 할 일이 없어 지루해할지 모르겠는데
너희들이 아직 공부의 재미를 몰라서 그렇구나.
특별히 목적이 없어도 지식을 얻고 싶은 공부에 재미를 붙이면
TV 보는 것, 돈 버는 것보다 훨씬 재미있단다.
그것이 시험을 치루기 위한 또는 취직을 하기위한 공부가 아니라
자기 자신을 살찌우는 공부가 되면 너무 재미있단다.
장마철인데 서둘려 직장을 찾을 필요 없다.
항상 무엇을 해보겠다는 의지만 확실히 갖고 있으면
더 좋은 기회는 반드시 올 거야.
하나님 은혜에 감사드리며

사랑하는 두 딸에게

#12.

경화야,

맹인이나 벙어리같은 장애자들을 생각하면
정상적인 몸을 가진 것만으로도 큰 축복이야.
꼭 약국에 갔다 와라. 그리고 우리 소망을 가지고
부지런히 사는 훈련을 하자꾸나.
세상적으로는 궁핍하지만 하나님이 우리에게 주신 것이
너무 많아 아빤 감사하단다.
우리 딸들이 소소한 것에 감사할 줄 아는
딸들이 되길 기도한다.
하나님 은혜에 감사드리며..

경화, 정윤이를 사랑하는 아빠가..

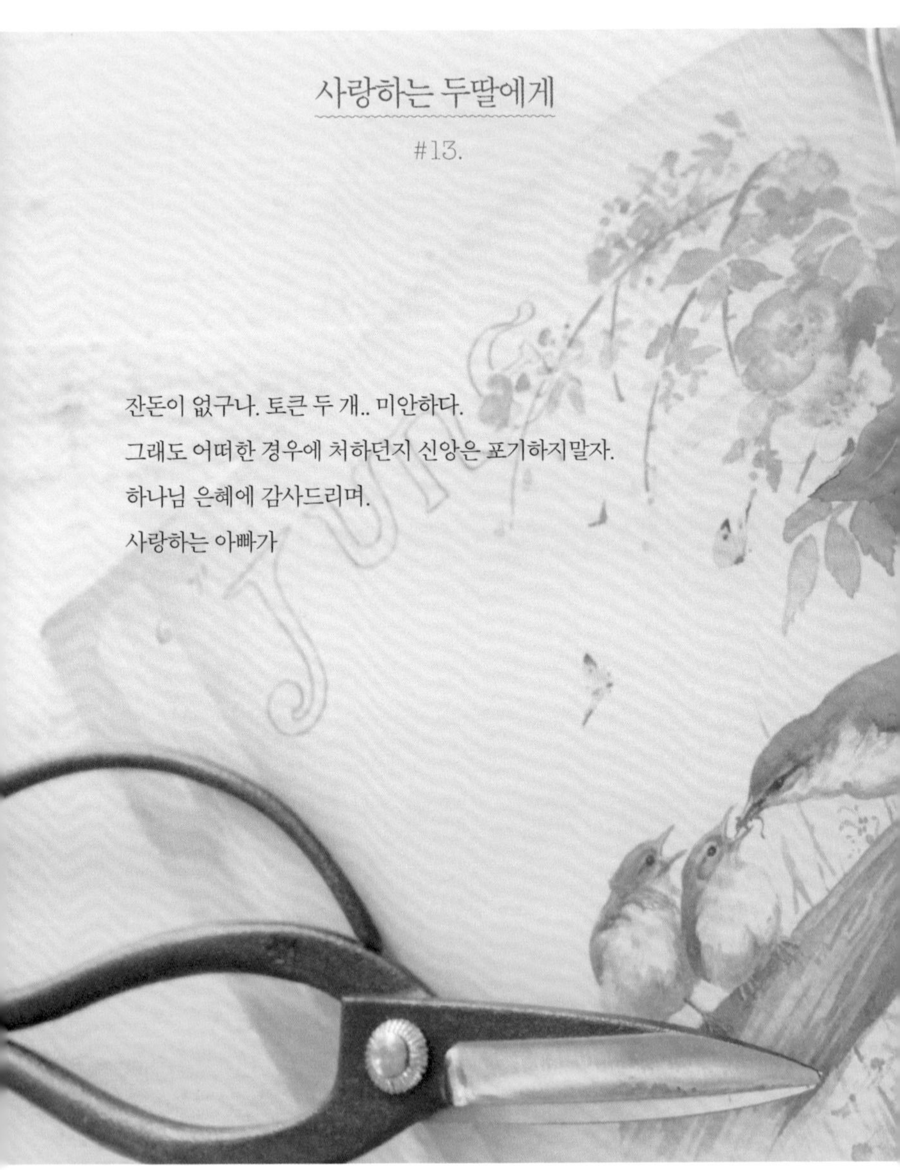

사랑하는 두딸에게

#13.

잔돈이 없구나. 토큰 두 개.. 미안하다.

그래도 어떠한 경우에 처하던지 신앙은 포기하지말자.

하나님 은혜에 감사드리며.

사랑하는 아빠가

June 11.
June 24.
June 29.
Mist in May and heat in June
Bring all things into tune,
June keeps all in tune"
and warm
farmer no harm"
'St. Barnabas,
Willow Warbler
feeding young.

사랑하는 둘째에게

#14.

어제 네가 준 전화비 만원 중에서 5천원 돌려줄게. 점심 뭐 사먹으렴. 나머지 쬐꼼 남는 건 돼지밥주고.. 아빠 돼지말고 네 돼지..

아빠는 힘들고 몹시 고달프지만 사실은 우리 정윤이가 더 힘들다는 것을 아빠는 잘 알고 있단다. 왜냐하면 노는 게 가장 힘들고 고단하니까.. 그러나 조급해하거나 포기하지 말거라.
사람에겐 누구에게나 자기의 때가 있는 거야. 성경말씀 구약, 전도서 3장을 읽어보렴.

나의 사랑하는 딸 정윤이가 이 시간을 잘 이용하면 너의 때가 이를 때에 남보다 더 빨리 날게 되는 것이란다.
지금은 네가 누워있고 남들은 걷거나 뛰어가고 있지만, 너의 때가 되면 넌 날아가고 그들은 피곤해서 누워버리고 그러면 네가 앞서게 되는 거 란다.
단 한 가지 단서조합이 있단다. 컴퓨터에서 말하는 옵션(Option)이라고 생각해도 무방할거야.

뭐냐 하면 네가 이런 공부할 수 있는 시간을 잘 활용해서
무언가 준비하는 거야.
외국어로서가 아니고 컴퓨터 언어인 영어공부도 좀 하고
무엇보다 성경말씀읽고..
지금은 아빠가 하는 말이 한가한 생각인 것 같지?
그러나 아니야. 조급하기로 말하면 아빠가 더 조급해.
너희들 결혼문제, 어려운 생활문제, 하루하루가 다른 나의 건강문제..

그러나 이런 것들이 우리가 발버둥친다고
우리 맘대로 해결되지 않는단다.
정윤아, 우리 준비하면서 기다리는 거야.
우린 지금 분명 남들보다 많이 뒤떨어져 있어.
하지만 한 가지 남들하고 똑같은 조건이 있지..
하나님께서 그들에게도 24시간, 우리에게도 24시간을 주신거야..
요즘 TV 선전 나오는 것 알지?

1분을 하루같이 썼습니다.
1시간을 1년같이 썼습니다.

하나님 은혜에 감사드리며
아빠 다녀올게..

사랑하는 첫째와 둘째에게

#15.

경화 10,000원
정윤 4,000원
점심은 양식이나 분식이 아닌 한식으로 사먹으렴.

경화는 어젯밤에 아빠가 핀잔줘서 미안하구나.
속으로 아빠는 네 건강이나 다친 부위가 더 걱정이 되지만 괜찮아.
네가 강해지기만 하면--
이 세상 모든 일이, 모든 것이 자기 마음속에 달린 거야.
왜 지금 네 처지가 답답하고 지루하다고만 생각하는 거니?
앞으로 네가 살아가는 동안 이런 시간적 여유도 가지기 힘들어.
하나님께서 축복해주신 휴가니까, 편히 잘 활용해야지.

***

교통사고 후에 힘든 시간을 보내고 있었다.

정윤이는 언니 잘 위해주고..
너에겐 너무 좋은 언니이고 아주 훌륭한 구석이 많은 언니이니까.
아빠가 늘 잔소리하는 잘못된 습관이나 생각만 조금 바꾸면
아주 훌륭해질텐데...
좋은 하루 되거라. 하나님 은혜에 감사드리며.. 아빠가

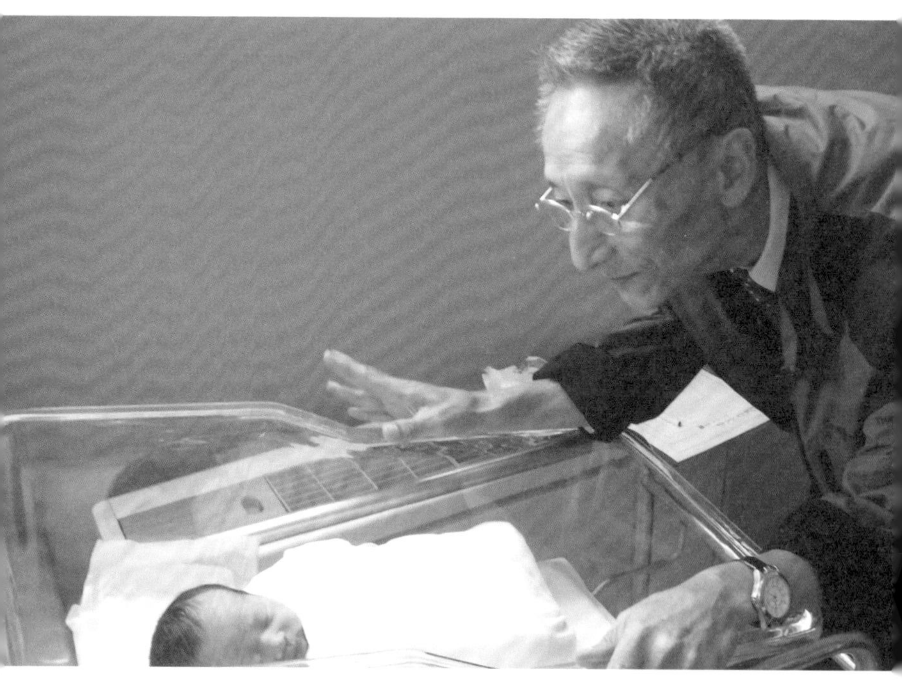

사랑하는 첫째에게

#16.

경화야!

어제는 네가 훌륭한 일을 해서 아빠가 너무 기분이 좋구나.

좋은 약을 먹는 것보다 더 몸이 나아지는 것 같다.

네가 하고 싶어 하는 일도 너와 내가 합심해서 기도하고 노력하면

좋은 결과를 얻을 수 있을 거야.

한 가지 네가 명심해야 될 일은 무슨 일이든 모든 일이 하고 싶어도

뜻대로 되지 않는 경우가 있고 "안되겠구나"하고 포기했는데

하나님께서 이루어 주시는 경우가 있다는 것이다.

아빠는 믿고 싶다.

이번에는 우리 경화가 잘하고 있으니까 잘되게 되어있다고.

여기 유판C (비타민) 놓고 나간다.

하나님 은혜를 잊지 말거라. 사랑하는 아빠가.

나의 사랑하는 귀한 딸 경화야!

#17.

나의 사랑하는 귀한 딸 경화야. 반찬은 없지만 조기굴비 구워서 감자국 끓인 걸로 오늘을 또 넘기자. 상추쌈용 초고추장도 좀 만들어놓고, 계란과 메추리알도 있으니 반찬 좀 해다오.
경화야, 아빠가 이렇게 자질구레한 사람이 원래 아니야.
너도 훈련하고 나도 훈련하면서 절약을 배우고 가불인생을 살지 않으려다 보니까 이렇게 할 수 밖에 없구나.
아빠는 아까운 인재인데 이렇게 됐어.
이제 경화가 아빠의 뜻을 헤아려서 이렇게 되지 않도록 도와주고, 아빠가 치아만 잘 맞아도 오래 살 텐데...

"

그리하면 모든 지각에 뛰어난 하나님의 평강이 그리스도 예수 안에서 너희 마음과 생각을 지키시리라.

(빌립보서4장7절)

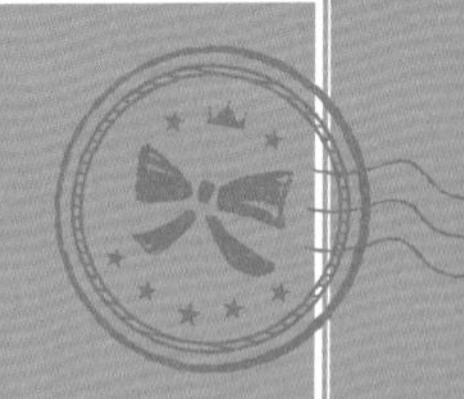

믿음
안에서

감사하며

소망을
두며

#part 4

행복을 말하며

딸의
감사이야기

사랑하는 첫째에게

#1.

우리 경화 실력이 대단하구나.

어디서 퍼온 영상이니? 확장자가 swf인 것은 플래쉬의 실행파일인데 아마 영상이 오버랩으로 바뀌는 기능은 요즘 한창 사람들이 즐겨 쓰는 swish 기능일거야.

네가 담아 보낸 "좋은 생각 중에서"의 글이 참 좋다. 우리 그렇게 살자. 그런 마음을 항상 생활의 중심축으로 살아가면 행복해 질거야. 그런 건강 조심하고 도영이한테 내조하는 것 소홀히 하지 말고...

2003.7.25. 0시 30분 아빠가

***

가난해도 마음이 풍요로운 사람은
아무 것도 소유하지 않고 있는 것처럼 보이나
실제로는 모든 것을 소유하는 사람입니다.
남이 보기 부러워 할 정도의 여유 있는 사람은
모든 것이 행복해 보일 듯 하나
실제로는 마음이 추울지도 모르겠습니다.
어려움을 아는 사람은 행복에 조건을 알지만
모든 것이 갖추어진 사람은 만족을 모를 터이니
마음은 추운 겨울일지도 모르겠네요.
몸이 추운 것은 옷으로 감쌀 수 있지만
마음이 추운 것은 어떻게 해결할 수 있을까요.
사는 기준이 다 같을 수는 없지요.
행복의 조건이 하나일 수 는 없답니다.
생긴 모양새가 다르면 성격도 다른 법
가진 것이 적지만 행복을 아는 당신이면 좋겠습니다.
비록 부유하지는 않지만
남과 비교하지 않는 당신이면 좋겠습니다.
남과 비교할 때 행복은 멀어집니다.
그저 감사한 마음 하나만으로도
당신은 행복의 주인공이 될 것입니다.

-좋은 생각 중에서-

사랑하는 첫째와 둘째에게

#2.

새벽 5시, 빗소리에 눈을 떴다.
드디어 비가 내리는구나. 너희들 수련회 갈 수 있게
또 가뭄에 목이 타던 농민들이나 도시인들에게 하나님께선
축복해주셨구나.
오늘 새벽 2시 반부터 비가 내리고 있다는구나.
경화는 오늘 소독한다니까 집에 있거라.
잔돈이 조금뿐이어서 경화 반찬사는데 보태거라.
정윤인 점심 사먹되 저녁에 오면
언니에게 조금이라도 남겨주면 더 좋고...
언니가 아직 완전하게 짜임새 있는 지출은 못해도 자기 잡비로
반찬 사곤하는 희생정신이 있는 훌륭한 언니거든...

아빠도 너희들도 우리 사는 형편에 비해
아끼고 절약하는 습성이 부족해.
우리 모두 아껴서 저축할 줄 아는 훈련이 안되어 있단다.
없어서 할 수 없이 움추려 드는 것이지, 특히 아빠가 그래.
반찬값도 제대로 못줘서 미안하구나.
성지순례 VIDEO 우선 갖다 주거라.
하나님 은혜에 감사드리며... 아빠가

사랑하는 경화야

#3.

경화야, 아침에 밥은 새로 했는데 반찬이 없다.
밥이든, 토스트이던 조금이라도 먹고 나가라.
그리고 아빠가 실수해서 설탕을 물에 적셔서 버렸다.
출근하거든 기분 언짢은 일이 있어도
누구에게든 밝고 대범하게 넘겨라.
모든 일에 감사함으로 하고 사소하거나,
큰 어려움이 있거나 그것이 하나님께서
너를 연단(단련)시키시기 위한 뜻이라고 생각하렴.
그럼 네게 큰 축복이 올거야.
어제 반찬 값은 오늘 들어와서 갚아줄게.
너희들로 인해 행복한 아빠가..
너희들을 주신 하나님께 감사드리며..

자랑스러운 나의 딸 경화야

#4.

자랑스런 나의 딸 경화야!
어제 밤엔 아빠가 영화 (셰인 Shane) 본다고
교회 이야길 못 들어서 미안하구나.
Shane은 아빠가 살아오면서 본 영화 중에 보아도
또 보고 싶은 영화였거든.
근래 10년 동안은 어떤 좋은 영화가 들어왔대도 본 기억이 없을
정도로 영화에서 멀어졌고 생활 땜에도 보고 싶은 충동이 전혀
없었지만, 이 "셰인"만은 기회있으면 또 보고 싶은 영화지.
아빠 네 번 봤단다. 비디오가 있으면 또 한번 볼텐데.

경화야. 주일 하루 우리 경화가 교회에서 지냈던 이야기가
사실 더 듣고 싶었고, 나의 보람인데 네가 일찍 잘 줄 몰랐지.
새신자 환영회 애기, 또 예배 애기 오늘 밤엔 빠트리지 말고 들려주렴.
오늘 낮이 빨리 가야 할 텐데.
정윤이 학교에서 돌아오면 어제 화장대랑 청소한 것 칭찬해 주렴.
2,000원 놓고 나간다. 하나님 은혜에 감사드리며.. 아빠가

사랑하는 둘째에게

#5.

4천원, 토큰 두 개 놓고 나간다.
오늘 점심으로 된장찌개 같은 정식 사 먹으렴.
언니 구박하지 말고..
오래전에 신문에도 났지만 가사노동(집안일 하는 것)이 월급으로 계산하면 몇 십만원이 되는 거야. 언니는 그만한 수입을 벌고 있는 거란다. 때론 언니가 정윤이를 피곤하게 하고 정윤이나 아빠를 화나게 할 때도 있지만, 앞으로 다 잘 될 거란다.

사실 언니는 속이 깊은 아이이고 장점과 재주가 아주 뛰어나단다.
아빠도 옛날엔 주위 사람들을 무척 피로하게 했었으니까.
언니는 지금 진통을 겪고 있는 것 뿐이고 만약 지금의 진통을 자신이 이겨내고 우리가 옆에서 조용히 참고 도와주면
아주 훌륭한 언니가 될 거야.
언니는 큰 그릇이야...
서로 사랑하렴... 너희들을 주신 하나님께 감사드린단다. 아빠가

하나님이 나에게 맡겨주신 사랑하는 나의 딸 경화, 정윤에게

#6.

방 안에만 있을 땐 사람이 더 풀어지고 무기력해진단다.
이럴땐 목욕도 하고 맨손체조도 하고 운동 삼아
청소도 해서 마음을 새롭게 해야 된다.
건강을 위해서도 집안의 청결을 위해서도 좋으니까...
만원 놓고 나간다.
각자 간단하게라도 사먹어라.
아빠 나갔다 올게.
너희들을 주신 하나님께 감사드리며

사랑하는 두딸에게

#7.

어젯밤 너희 자매가 웃으며 재잘거리는 것을 들으며
아빤 얼마나 기뻤는지 모른다. 피로도 잊고 행복했었지.

정윤아! 순간적인 즐거움은 잠시뿐이고 장래를 망치게 된단다.
이젠 정윤이도 성숙해져야지.
내일을 위해서 오늘을 참을 줄 아는 훈련이 필요한단다.
12,000원 중에 점심 맛있는 거 사먹고 나머지는 반찬사거라.
언니에게 잘해주고 존중해줘야 한다.
이젠 너도 반찬도 해보고 집안 일도 찾아해 보렴.

경화야! 좋은 하루가 되 거라.
오래 참을 줄 아는 나의 첫째야..

토큰 3개 놓고 나간다. 나눠 가지거라.
하나님 은혜에 감사드리며...

사랑하는 첫째와 둘째에게

#8.

오늘은 정윤이 첫 출근 날이니까 경화가 아침 꼭 챙겨주고
같이 성경말씀 읽고 기도하렴.
아빠는 손님 때문에 새벽 일찍 나가봐야하기 때문에 나가서
전화할게.
정윤인 마음이 안정이 안 되던가 서먹서먹하면 잠깐 마음 속으로
기도하는 것 잊지 마라.

"
너희 중에 누구든지 지혜가 부족하거든 모든 사람들에게
후히 주시고 꾸짖지 아니하시는 하나님께 구하라 그리하면 주시리라
(야고보서 1장 5절)

둘 다 길다닐 땐 차조심하고 길을 건널 땐 다른 생각하지 말고
좌우 차 오는 것만 살피고. 좋은 하루가 되길.. 하나님 은혜에
감사드리며..아빠가

사랑하는 첫째와 둘째에게

#9.

이 복잡하고 흉악한 세상에서 우리 가정을 보호해 주시고
일용할 양식을 주시는 하나님께 감사드린다.
하나님의 은혜로 오늘도 좋은 하루가 되거라..
아빠는 이 세상 일에는 실패했지만 너희들이 있기에 행복하다.
하나님 은혜에 감사드리며..아빠가

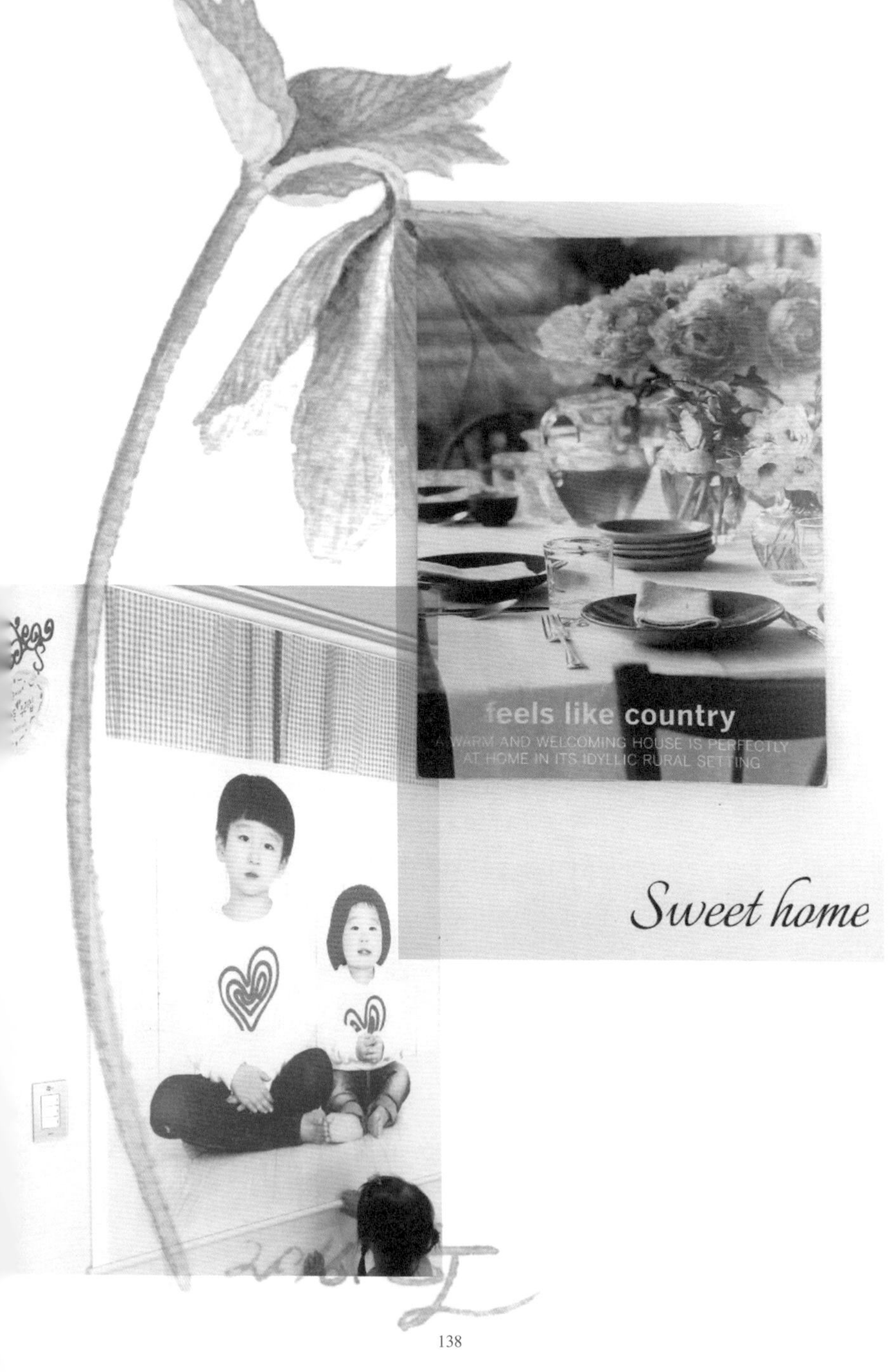
feels like country
A WARM AND WELCOMING HOUSE IS PERFECTLY
AT HOME IN ITS IDYLLIC RURAL SETTING
Sweet home

사랑하는 첫째와 둘째에게

#10.

경화야, 오늘 시화(그림 그리고 그 위에 글을 쓰는 것) 수고했다.

아주 잘했어.

정윤아, 오늘 두껍고 따뜻하게 입고 나가야 된다.

엉성하게 입고 나가면 아빠 저녁에 와서 가만 안둘 거야.

경화 만원, 정윤이 7천원, 토큰1개

하나님 은혜에 감사드리며..아빠가

사랑하는 두 딸에게

#11.

너희가 무슨 돈이 있다고 로션을 샀니..
뒤에 월급타면 사달라고 부탁하려고 했는데
어쨌든 고맙구나. 반찬값 만원 놓고 나간다.
밥맛은 없어도 식사 제 시간에 하고 규칙적인 생활을 하는 것이
건강해지는 지름길이란다.
아빠 다녀올게.. 하나님 은혜에 감사드리며...

사랑하는 두딸에게

#12.

아빠가 아프고 허덕일 때 너희들이
아빨 위해 마음 써 주는 것이 너무 고맙구나
아빠 위해 기도해주렴... 하나님 은혜에 감사드리며.

"

너는 마음을 강하게 하고 담대히 하라 그들을 두려워 말라 그들 앞에서 떨지 말라 이는 네 하나님 여호와 그가 너와 함께 행하실 것임이라 반드시 너를 떠나지 아니하시며 버리지 아니하시리라.
(신명기 31장 6절)

사랑하는 두 딸에게

#13.

오늘 비가 온단다. 너희들이 반찬을 맛있게 해줘서
오늘 아침 많이 먹었다.
요즘 정윤인 밥 제때 먹지 않더라. 무슨 고민있니?
아니면 살 빠지라고 그러니?
반찬이 없어서 그렇구나..

우리가 사는 이 세상, 공기, 물, 풍경, 그 자체가 이미 축복이란다.
힘들고 짜증난다고 생각하지 말고 오히려 감사하다고 생각해주렴..
저녁까지 안녕... 하나님 은혜에 감사드리며.. 아빠가

사랑하는 도영에게

#14.

경화와 함께 나에게 오래 살아있고 싶은 행복한 순간들을
맛보게 해 준 고마운 사람.
하나님께서 그런 축복을 주신 것을 감사한다네.
나의 사랑하는 도영이의 생일을 축하하면서 내가 자네에게
생일축하 용돈 좀 줄게.
만원인데 예준 엄마한테는 말하지마,
액수를 말하면 내가 야단 맞아요.
무슨 뜻인지 알지? 하나님의 은총을...

2008. 2. 26 예준이 할아버지

***

도영은 저의 남편입니다.
살아생전 남편과 아빠는 참 좋은 사이였습니다.

사랑하는 첫째와 둘째에게

#15.

정윤이가 새벽에 기침을 좀 하더라.
반찬이 없으니까 아침에 경화가 나가서
정윤이 먹고 싶다는 것이나 기침에 좋은 것 뭐 좀 사다주렴.
생계란 노른자위에 참기름 몇 방울 떨어뜨려 마시면 참 좋은데...

정윤이 자식은 감기에 기침이 나는데도
말을 빨리하고 많이 하니 좋을 리가 있나.
오리온 웨하스 참 담백하고 맛있더라.

경화가 아침 공기 마실겸 만원짜리 바꾸어 가지고 오거라.
경화는 참 훌륭한 아이야.
정윤이 조금 주고 나머지는 전부 경화가 가지 거라.
정윤인 친구하고 말 좀 적게 해라.
쉼표 찍어가면서 천천히 하고...
내일하고 모레 아빠 핫 팩 찜질 좀 해주렴... 뜨겁지 않게..
허리가 아프다.
하나님 은혜에 감사드리며.. 아빠가

“

보라 하나님은 나의 구원이시라 내가 의뢰하고 두려움이 없으리니 주 여호와는 나의 힘이시며 나의 노래시며 나의 구원이심이라

(이사야 12장2절)

사랑하는 둘째에게

#16.

정윤아.

오늘 오후부터 내일까지 비온다는데 빨래 미루는 게 어떻겠니?

만원 놓고 나간다.

언니하고 다투지 말고,

설혹 언니가 네 기분을 상하게 한다고 해도 네겐 유일한 혈육이야.

언니는 너보다도 더 어려운 환경을 견디느라고

마음도 상했을테고 힘들었을거야.

언니의 아픈 마음이 다 회복되면 너에겐 기둥이 된단다.

마찬가지로 정윤이 네가 더 이상 그늘이 안지도록

아빠와 언니가 도와야되고..

아빠의 마음이 상하지 않도록 언니와 네가 또 도와야지.

너희들이 아빠를 돕는 길은 서로 화목하고 서로 양보하면 되지.

형제가 서로 화합하는 것이 하나님의 뜻이야.

아빠 갔다올게. 하나님 은혜에 감사드리며..

사랑하는 첫째와 둘째에게

#17.

아빠는 너희 둘을 똑같이 사랑한단다.
아빠가 제일 슬플 때는 이 세상에서 둘뿐인 너희가 양보하고
이해할 수 있는 것에도 서로 다툴 때이고 제일 기쁠 땐
너희 방에서 웃음 소리가 들릴 때이다.
서로 아껴주고 사랑하렴..
너희 둘을 주신 하나님께 감사드리며. 아빠가

사랑하는 첫째와 둘째에게

#18.

빠르게도 추석연휴가 지나가 버렸구나.
첫째는 음식 만들고 집안 일하느라 수고가 너무 많았고
둘째는 양산에서 직장생활을 잘 참고 견뎌서
보너스까지 받았으니 감사하구나.

아빠가 못나서 풍성한 추석을 즐기지 못해 미안하다만
아빠는 이런 행복이 오래갔으면 좋겠고 내년엔 더 행복한
추석이 될 줄 믿는다. 반드시 그럴거야.

우리 그렇게 하루하루 감사하면서 살자..
하나님 은혜에 감사드리며...아빠가

“

내 형제들아 너희가 여러 가지 시험을 만나거든
온전히 기쁘게 여기라 이는 너희 믿음의 시련이
인내를 만들어 내는 줄 너희가 앎이라
(야고보서1장 2절~2절)

사랑하는 정윤이에게

#19.

아빠 일찍 나가는데 정윤이가 이가 아프다니까 내 마음이 아프다.
왠만하면 치과에 갔으면 좋겠다.
약을 먹어서 지금은 괜찮더라도 치아는 미리미리 치료해두는게 좋아.
처음에 가면 몇 천원이면 되거든--

몇 번 다니는 것이 귀찮겠지만 네가 혼자가기 그러면
언니랑 같이 가보렴.

치아가 아픈 것은 여러 가지 원인이 있지.
영양상태가 나쁘다던가
신경을 많이 쓴다던가 해서(신경성으로)
청결하게 이를 닦지 않았다거나

어쨌든 여러 가지야. 그리고 잇몸 염증으로 인해서면 초기에 치료하면 간단한 것인데 오래 놔두면 더 고생한단다. 네가 보철을 한다던가하는 치료비 걱정을 하는 모양인데 그건 몇 일 치료해보고 (몇 일 치료해도 얼마안들어요) 그때 가봐서 마련하면 된단다.

여기 우선 만원 놓고 나간다.
왠만하면 꼭 가보렴. 우리 정윤이가 아프면 안되는데.
기도하는 것 잊지 말고..
하나님 은혜에 감사드리며.. 아빠 다녀올게.

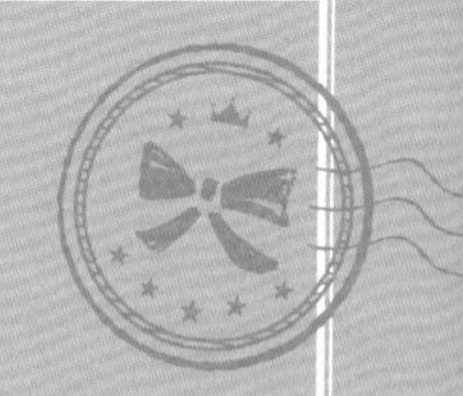

믿음
안에서

감사하며

소망을
두며

행복을
말하며

#part 5

딸의
감사이야기

딸의 이야기

#1.

***

저는 한때 심한 공황장애와 우울증을 앓아 왔었습니다.
육신의 고통도 함께 찾아오기도 했습니다.
육신의 고통보다 더 한 것은 마음의 고통 이였습니다.
그런 제자신이 너무 힘들었었던 때가 있었지요.
그때마다 저를 붙들어 준 건 하나님이셨고..
(물론 그땐 기도도 되지 않았습니다) 아픔을 잊기위해 쿠키를 만들고,
인형을 만들며, 아이들에게 동화책을 읽어주다가 동화책의 그림을
무조건 따라 그리기도 했습니다. 꽃을 만지며 힐링 하기도 했습니다.
책의 사진들은 모두 그때의 흔적들입니다.
그렇게 저는 그림과 만들기, 꽃을 통해 회복이 되었고
그 작업들을 하는 동안 하나님을 깊이 생각할 수 있었습니다.

책의 그림들을 연필조차 잡기 힘들만큼 고난을 지나고 있을때
동화책과 그림책을 보고 따라 그렸던 것들이 많습니다.
저작권은 원작자에 있음을 밝혀둡니다.

아빠의 하나님이 나에게도 찾아오셨다.
나는 아빠가 믿는 하나님이 싫었다. 공산당이라고 화를 냈다.
그때마다 아빠는 한 번도 화를 낸 적이 없으시고 우리를 위해
기도하노라고 하나님 은혜에 감사드린다고 했다.
그게 더 화가 났다. 이놈의 집구석 당장 나가버리겠노라고
우리를 안도와주고 병약함과 이혼, 궁핍을 그냥 보고만 계시는
하나님 난 믿지 않겠노라고..
맨 날 하나님께 감사드린다는 아빠의 고백이
어딘가에 세뇌당한 사람같이 싫었다.
하지만 25년이 지난 후에 이제 나의 고백이 되었다.
하나님 은혜에 감사드린다고...아빠의 기도가 헛되지 않은 것이였다.
하나님 감사합니다.

만원의 행복

#2.

만원으로 어떻게 행복감을 나눌 수 있을까..
가장 먼저 든 생각은 가족을 위한 선물...
그리고 맛있는 음식.. 어떤 선물을 할까, 어떤 음식을 할까 고민했다.
한참을 고민하다가 문득 더 의미 있는 일을 하고 싶다는 생각이
들었다. 만원으로 행복할 수 있지만, 만원으로 기적을 만들고 싶었다.

만원의 기적...
그것은 감사의 기적이다. 우선 작은 저금통 하나를 준비했다.
저금통의 이름은 '감사통장'..

그리고 만원을 100원짜리로 바꾸기로 했다. 매일 우리가족이
감사한 일을 생각하며 100원씩 저금하기로 했다.
100원은 너무 작은 돈 일 수도 있지만 만원이 되면 100번 감사한 일이
되는 것이다. 그것이 습관이 되면 단위를 천원으로 바꾸고
그렇게 조금씩 조금씩 모인 돈으로 의미있는 일을 하게 될 것이다.
물론 갖고 싶었던 물건을 사거나 맛있는 음식을 먹는 것이 아닌
'나눔'의 일에 쓸 것이다. 우리식구가 100원으로 시작해
감사한 일은 우리의 삶에 더 큰 열매를 맺게 되리라 소망한다.

만원의 기적...
어쩜 그 만원으로 인해 우리의 삶이 감사로 풍요로워지고
이웃과 함께 나누고 우리 삶을 변화시킬 '시작'이 되지 않을까
설레임으로 기대한다. 또한 '감사통장'으로 인해 '하나님 나라의
통장'도 채워지길 기도한다.

나에게 사단이 싫어할만한 것 한가지 실천하기

#3.

곰곰히 생각해봤다.
사단이 싫어할만한 일 내게서 가장 싫어할 만한 것.
"기뻐하기" 곧 "감사하기" 와 같다.
쉽지 않았다. 사단이 내게 오랫동안 심어준 '근심'과 '좌절'이 내가
살아온 환경적 조건과 맞물려 체질처럼 머물렀기에..
금방 바뀌어 버릴 수는 없었다.
그럼에도 불구하고 숙제를 해내기 위해서라도 기뻐해야 했다.
기뻐함에 있어 따라올 것은 '분을 내지 않기'도 포함된다.
일주일동안 오해가 있던 속상한 일도 있었고, 외로움도 있었고
해결될 것 같지 않은 문제도 있었다.
사단은 장단 맞춰 '근심'과 '분노'를 심어주길 원했다.
감정이 무너질 것 같아 의식적으로 웃었다.
'하하하' '호호호'
예나를 붙들고 웃었고 예준이를 붙들고 축복해주었다.
아침에 일어나면 새로운 하루 주심을 감사했고
한 시간 한 시간 감사하며 최선을 다하려고 노력했다.
설겆이도 빨래도 기쁜 마음으로 하려 했고 그림을 그리고픈 마음에
아직도 꿈이 있음이 기뻤다. 오뚝이 같다.
넘어질 것 같지만 다시 일어서고 뱅글뱅글 돌지만 제자리에 서는,
마흔을 넘기니 내 삶을 진지하게 생각해보게 되고, 주어진 일,
하루하루가 소중하다는 생각이 많이 든다.
사단이 싫어할만한 일, 곧 하나님이 기뻐하시는 일이 내 삶에
자꾸자꾸 늘어나서 사단이 나를 떠나버렸으면...

당신은 웃고 있나요?

#4.

오늘 목장 모임에서 한 남자집사님이 나에게 이렇게 물어왔다.
"다윤 집사님, 그나마 목장모임 와서 웃는 편이고
집에선 거의 안 웃으시죠?"
순간 그 질문에 당황했다.
내 표정이 그렇게 굳어 보이나?
내가 차가운 사람으로 보이나?
나를 어떻게 본거지?
그리고 집으로 돌아온 내내...그 말이 떠나질 않았다.
기분이 나빠서가 아니다.
생각해보면 내 삶은 늘 긴장의 연속이였고 딱딱함과 상처,
견고한 진이 나를 누르고 있었기 때문에 나는 크게 웃을 일이
없었던 것 같다.
어릴 적 이모가 "넌 웃으면 안 이뻐, 웃지마"라고 했던
그 말이 늘 내 생각을 묶기도 했다.
삶의 무게, 여러 고난으로 웃음을 잃었다.
순간...가족에게 미안했다.

마음에 여유가 없는 내 옆에서 얼마나 힘들었을까...
내가 얼마나 내 안의 감정 감옥을 만들고 그 열쇠를 잠궈버렸던가..
너무나 미안했다. 그리고 내 믿음이 회개가 됐다.
내 안에 진정 예수님이 계셨다면 내 삶을 통해, 내 표정을 통해,
내 언어를 통해 빛이 났을 것이다.
옷차림이 어떠하더라도 나는 예수님의 사람으로
밝게 웃는 사람이였을 것이다.

내 안에 예수님 한 분만으로 웃을 수 있는 진정한 믿음이 있는가?
내게 주신 모든 것들에 감사가 있는가?
오늘부터 다시 거울을 보기로 했다. 외면의 가꿈이 아니라
내면의 가꿈이 더 필요함을 느낀다. 내 안의 어두움을 몰아내고
빛이신 예수님으로 채우면 나는 늘 웃고 해같이
빛나는 얼굴로 가족과 사람들을 대할 것이다.
그로 인해 사랑이 흘러가고, 주님이 기뻐하시는 삶을 살 것이다.
웃자, 행복하라, 행복하다...
깨달음을 주신 집사님과 주님께 감사함을 전하고 싶다.
스마일~~다윤!!
사랑하는 가족들 더 많이 웃을께...
당신에게도 예수님의 미소가 있나요?....

코발트블루로 심플 초벌면기채색

#5.

초벌된 도자기에 채색...

칠하고, 긁고...그려놓고.. 생각정리엔 좋다..

때론.. 심플하게 살아야 더 많은 걸 담을 수 있다,

적당히 포기할 줄도 알고

적당히 담을 줄도 아는

지혜를 배워가는 요즘..

인생.. 복잡하게 살지 말자.

비워야 다시 담을 수도 있는 것이다.

그나저나 구워지면 예쁘겠다.

* 도자기 핸드페인팅강사 자격증을 준비하며..

바람 불어 좋은 날

#6.

바람 불어 좋은날...
함께여서 더 좋은 날...
행복은 조건적이 아니라는 걸 깨달아가는 요즘...
바람을 오감으로 느끼니 행복하다.
소중한 이와 함께 있음이 행복하다.
그렇게 오늘을 모으는 거다.
다음엔 스켓치북 가지고 나와야지..
집 앞 벤치에서....

보테니컬아트 책을 보다가

오랜만에 채색 진행 중

#7.

오랜만에 색연필 채색...

이걸 언제 다 채울까 싶지만 서두르지 않고..

여러 가지 바쁜 와중에도 잠시나마..

연필을 잡을 수 있다는 것에 깊이 감사한다.

감사로 채색하여 면을 채우듯..

감사로 내 삶의 내면을 채우길..

힘든 일도 있었던 오늘의 생각..

나는 말이야..

#8.

나는 말이야
진심이 담기고
성실이 담기고
사랑이 담기고
여유가 담기는
그림을 그리고 싶다.
종이에 담아도..
도자기에 담아도..
보는 눈이 행복하고
담겨진 음식이 건강해지는
그런 그림..

완성도가 있건 없건 행복해지는 그림..

하지만..

매일 두 아이 뒤치다꺼리에

닥쳐오는 불안함 때문에

여유있게 그릴 시간이 없다

저녁이 되면 파김치가 되어 눈꼽만 떼고 잠드는

난...아줌마..엄마다.

많이 지치고 힘들지만..

애들아..엄마 마음은 그래도 사랑해...다..

하나님이 내게 주신 소명...

Original Recipe
Hand made
Nous offrons en abondance délicieusement.
Original Recipe
Hand made
Nous offrons en abondance délicieusement.

엄마가 만든 쿠키. 예나가 만든 쿠키..

#9.

우울함을 달래려 오랜만에 쿠키를 만들었다.
크린베리 비스킷, 시리얼바.
치유가 필요한 병원사람들에게 선물하기 위해 만든 것..
조물조물..반죽하고..집안에 버터 냄새가 온 가득 퍼지고..
노릇노릇 예쁘게 구워진 쿠키들 포장하니 기분이 좋다.
함께 나눌 이들이 있기에 오늘도 난 행복하다.

머리핀과 쿠키를 만들다

#10.

아동복지센터에 선물할 머리핀..

나눔은 하나님이 내게 주신 은사다.

크리스마스행사 쿠키 몇백개 링거를 맞아가며 포장까지 모두 맡았다.

그래도 지치지 않는 건 주님이 내안에 주신 나눔의 은사 때문이다.

나눌 때 행복하고 진정한 치유가 일어나고 마음이 부자가 된다..

제 쿠키 맛보실래요?

아나브립스

#11.

아나브립스라는 물고기에 대해 생각이 났다.
늘 물 밖으로 눈을 내놓고 있는 물고기인데 한번씩 물 속에 깊이 잠겨
건조해진 눈을 충분히 적셔야 살아간다는 물고기였던 걸로 기억한다.
지금 내게는 그렇게 물 속에 깊이 잠겨야 할 때가 아닌가 싶다.
주님의 사랑에 눈물을 적셔야 하고,
가족의 사랑에 눈물을 적셔야 하고,
감사의 조건들에 감격해야 하는,
깊이 잠겨 충분히 사랑을 느껴야 회복되지 않을까 생각해본다.
주님의 그 사랑을 깊이 깨닫고 메마른 내 마음이
충분히 적셔지길 기도한다.

PARIS

하나님...

#12.

며칠 동안 내면의 치열한 싸움을 힘들게 하는 가운데 내 마음을 꼭 붙들어준 찬양이 있습니다.

'믿는다면 너 일어나 걸어라, 믿는다면 내가 널 일으킬 수 있는 걸.. 믿는다면 너 일어나 걸어라.. 내가 널 일으키리라..'

찬양을 듣는 순간 깊은 회개와 평안이 찾아왔습니다.

하나님.. 너무나 죄송합니다. 입으로 주라 하면서 나를 지으시고 내 삶의 주인되신다는 주님을 믿지 못했던 불신 때문에 하나님 마음 아프게 했던 것 같습니다.

주께서 나를 만드시고 내가 걸어온 길, 내가 지나온 고난 가운데 날 지켜주셨는데 저는 두려움에 사로 잡혀 나를 꼭 붙드시는 주님을 제대로 바라보지 못했습니다.

나는 주님을 놓았어도 주님은 나를 놓지 않으시고 계셨다는 것이 깨달아지는 순간 마음이 뭉클해졌습니다.

주께서 내게 주신 많은 것을 기뻐하지 못하고, 마음껏 누리지 못한 것..

아픔만을 집중하며 뒷걸음질치고, 주저앉은 것,
두려움에 떨었던 것, 한없이 원망 했던 것, 내 삶을 어둠으로 몰았던
두려움의 근심의 생각주머니를 주님 앞에 내려놓습니다.
절망가운데 일으켜 주시는 주님의 음성과 능력을 믿습니다.
주께서 내 삶 가운데 주인이 되셔서 내가 걷는 발걸음 발걸음마다
주님이 기뻐하시는 길을 걸을 수 있도록 인도하여 주시길..
그 길 가운데 내 안에 주님이 기뻐하시므로 나 또한 어떤 상황에도
기쁠 수 있길 기도합니다.

시험이 올 때마다

#13.

시험이 올때마다

분별하고 말씀을 읽도록..

아침에 일어나 제일 먼저 성경을 한 줄이라도 읽기를~!!

No Bible, No Breakfast~~!!

영적 균형

#14.

며칠 계속 소화가 안돼서 맛있게 먹고 나서도 속이 좀 불편하다.
절제 안된 잘못된 식습관과 스트레스 때문인 듯하다.
육체가 무엇을 먹느냐에 따라 탈이 나기도 하고
병이 드는 것처럼 마음도 영적 건강도 어떤 생각을 먹느냐에 따라
탈이 나기도 하고 병이 들수도 있다는 생각이 들었다.
두려움도, 미워하는 마음도, 시기하는 마음도, 나쁜 것들로
생각의 배를 채우게되면 언젠가 탈난다.
균형 잡힌 식습관으로 육체의 건강도 채우고,
균형 잡힌 식습관으로 마음의 건강도 채우자.
이미 탈이 났다면 주치의가 되시는 주님 앞에
고침을 받으면 될 것이다.

남편 치료 위해 병원 다녀온 날..

#15.

남편 치료 위해 병원다녀 온 날
하루 종일 기다리고,
한꺼번에 닥친 여러 가지 상황 때문에 힘들었지만
마음속엔 하나님이 어떤 계획을 가지고 계실까
왠지 기도하게 된 날..
나 같은 울퉁불퉁 모난 마음이 바닥을 치고
심한 공황장애까지 지나온 사람도
이렇게 마음을 만지시구나하는 생각에 감사하다.
기도해주신 분들께 감사하다.
너무 피곤해서 잠이 안 오는 날...

다윗의 기도가 생각나서

#16.

다윗의 기도가 생각나서 그림을 그렸다..

지금 내 마음이었다.

언젠간 그림으로 묵상집을 내보리라.

주님 나의 영혼이 주를 우러러보나이다.

나의 하나님이여, 내가 주님께 의지합니다.

Tuesday
Flower

스트레스로 인해 원형탈모

#17.

스트레스로 인해 원형탈모가 생겨 몇 년째 고생하다가
오늘 탈모클리닉을 받고 왔다.
미용실에 가서 풍성해보일까 살짝 컬도 넣어보고
아직 구멍은 여러 개 있지만 이 정도도 감사하다.
빛으로 오신 예수님..
오늘도 우리 삶에 빛을 비춰주시니 감사합니다.
어둠이 나를 찾아올 때도 많지만 그 뒤에 빛 되신
주님의 계획과 예정 안에 우리가 있음을 잊지 말게 하시고
주님의 이름으로 어둠을 물리치게 하소서,
예수님의 이름으로 기도드립니다. 아멘.

여리고 섬세한 아들, 애교쟁이 딸

#18.

무뚝뚝하고 사랑표현 못하는 엄마 만나 마음 다친 일이 많을 것이다.
엄마도 사랑이 서툴러서 엄마가 처음이라서 때론 다 표현 못하고
많이 웃어주지 못하지만 내가 미약하지만 꿈을 가지고 살아가는
이유도 기도내용의 많은 부분도 너희들 때문이지.
마더와이즈에서 배운 것처럼 신이 나를 천사의 사포로 다듬어 가시는
것 같아. 더 따뜻한 엄마가 되도록 노력할께. 엄마의 아빠처럼....
예수님처럼...

세상의 어떤 지식이

#19.

세상의 어떤 지식이
세상의 어떤 즐거움이
세상의 어떤 고난이

주님을 아는 것보다
지혜로울 수 없으며
주님과 교제하는 것보다
즐거울 수 없으며
주님이 주시는 능력보다
고난을 이길 힘이 없음을
잘 아는 나와 남편,
예준이와 예나가 되게 하소서.

2014.7.6. 새벽

내 영혼이 온전히

#20.

내 영혼이 온전히 주님을 바라보지 못하고
힘들어 한 것 회개합니다.
내 안에 주님이 주신 평안보다 육의 두려움을
더 깊게 끌어 안은 것 회개합니다.
내 마음에 사랑과 긍휼보다 서운함과 미움으로
중보기도를 게을리한 것 회개합니다.
그리고 돕는 손길 주시니 감사합니다.
제 마음을 드리오니 만지시고 용서하시고 치유케하소서,
주님 앞에 견고히 서는 가정되게 하소서.
예수님의 이름으로 기도드립니다. 아멘

2014.7.21.

세상에서 성공한 자라도

#21.

세상에서 성공한 자라도 그 삶에 하나님이 없으면 내겐 의미없다.

그러나 세상에서도 성공하고 싶다.

성스러운 부자, 성부의 삶을 살기위해

그래서 남편과 나는 꿈을 꾼다.

세상의 잣대, 세상의 때가 아닌 주님의 잣대, 주님의 때를 기다리며.

예수님이 준비하신 예수님의 나라, 예준, 예나

#22.

예수님이 준비하신 예수님의 나라. 예준, 예나
이름을 짓고 보니 생각났다.
두달 전 가수 션의 책을 보며 한 가지 실천한 일이 있다.
가족이 잠자기 전에 하는 인사말 "사랑해, 축복해."였다.
평소 화 잘내고 무뚝뚝한 엄마이지만
이 말로 사랑을 실천하고 싶어서 시작한 "사랑해, 축복해"
처음엔 아들이 "엄마, 왜그래?"하며 어색해했다.
그런데 두 달이 지난 후부터 아이들이 먼저 나에게 다가와
"사랑해, 축복해"라고 꼭 말하고 잔다.
신기하다. 가끔 내 기분이 그 말을 하고 싶지 않을 때에도
아이들이 먼저 "사랑해, 축복해"라고 말하면 거절할 수 가 없다.
사랑은 메아리처럼 다가오는 것이 맞는가보다.
주님이 내게 매일 "사랑해, 축복해"라고 말씀하시는데
나는 대꾸가 없었던 건 아닐까..
주님 저도 사랑합니다.

끝없이 눈물을 움켜쥐고 기도하는 남편

#23.

끝없이 눈물을 움켜쥐고 기도하는 남편.
아침에 아파 울던 나 때문인 것 같아 미안하고 마음이 아프다.
기도의 향기가 하늘에 닿으니 주여 인도하여 주소서.
남편의 눈물의 기도가 헛되지 않길..
무엇보다 건강과 하나님을 향한 신뢰와 소망을 회복시켜 주시길.
이 가정에 하나님이 주신 은혜의 샘이 마르지 않길..
그래서 다른 이에게도 흘러가는 가정이 되길.
이젠 내가 건강하고 담대해져서 남편에게 힘이 될 수 있길
간절히 기도합니다

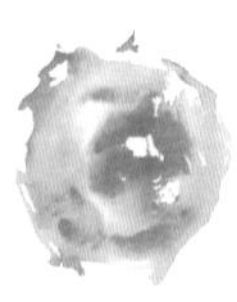
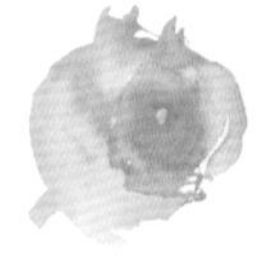

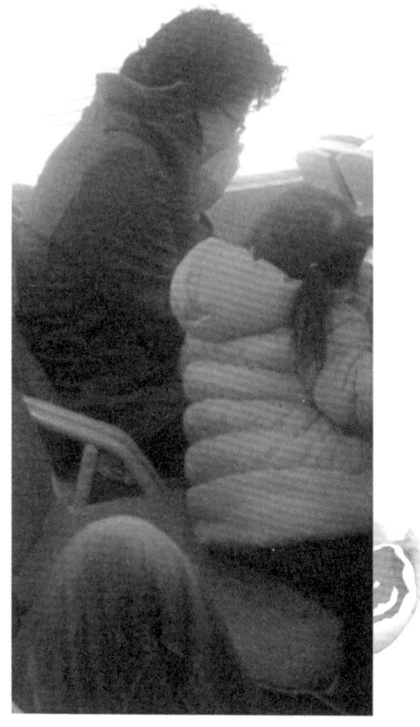

동화책을 보다가...

가만히 생각해보니 정말로 영혼육이 하나인 것 같다

#24.

가만히 생각해보니 정말로 영혼육이 하나인 것 같다.
아픔을 묵상하면 정말 아파오고 가난을 힘들어하며
묵상하니 더 가난해지고 누군가를 미워하는 마음 서운한 마음을
묵상하니 정말 그 사람을 향한 미움에 내가 더 강퍅해졌다.
그렇듯 어둠이 내 마음의 자석을 바꾸어 아플지라도, 가난할지라도,
미울지라도, 뜻대로 되지않을지라도, 삶에 무게가 무거울 지라도,
꿈을 묵상하고, 기쁨을 묵상하고, 사랑을 묵상하고,
축복된 내일을 묵상하고, 삶에 주인이신 예수님을 묵상하고,
즐거워하면 정말 그렇게 될 것 같다는 생각이 들었다.
그래서 오늘 미운 사람에게 먼저 말을 걸어주었다.
하나님. 저 잘했지요?

주일예배때 찬양가사가

#25.

주일예배때 찬양가사가 미어지도록 맘에 맴돈다.
내 앞에 바다가 갈라지지 않으면 주가 나로 바다 위 걷게하리.
나는 믿네. 주의 능력으로 내 삶 새롭게 하리. 나는 믿네.
주의 능력으로 담대히 나아가리라. 주와 함께 싸워 승리 하리라.
날마다 믿음으로 나 살아가리.

예배 후 남편의 뒷모습을 보니 맘이 뭉클하다.
내가 너무 무뚝뚝하고 표현이 서툴지만 고맙고 미안하고 사랑합니다.
눈물이 많지 않은 내가 요즘 자꾸 눈물이 난다.
이젠 정말 늙었나보다. 주님 주신 눈물인가?...

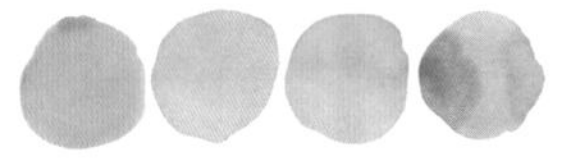

요즘 들어 주님이 주시는 생각.

#26.

행복은 그 기준이 다른 이를 의식할 때부터 멀어지는 것 같다,
누군가의 평가로 내 인생의 행복의 감정이 일희일비되면 안 된다.
행복은 나의 내면에 집중할 때 나를 지으신 그 분께
집중할 때 진정 내 것이 되는 것이다.
행복하자, 행복하라, 행복하다.
다른 이의 기준에서 벗어나 나만의 행복의 옷을 입자,
그렇게 오늘을 살자.

2015.12 집앞, 예쁜 카페집에서

오늘 주일

#27.

오늘 주일... 예배중에 마음이 아팠다.
날마다 나도 모르게 반복되는 말을 듣는 이가 있다.
바로 우리 자녀들... 자녀들에게 나는 어떻게 비춰지고 있는가,
우리 인생의 두 가지 사명은 축복의 통로가 되어야 하는 것,
또 하나는 이 땅에서 하나님의 의인으로 사는 것,
나는 자녀에게 이웃에게 사람들에게 어떤 사람으로 기억되고 있는가,
나를 통해 자녀와 주위사람들이 은혜를 받고 등대와 같은 역할을
하고 있는가, 그 전에 내 안에 하나님의 사랑에 대한 감격이 있는가,
내가 지금 광야의 척박한 땅을 살 지라도 하나님의 규례를 지키고
순종한다면 그것을 가나안 땅으로 변화시켜 주실 것이라는 믿음이 내
안에 있는가, 모두 자신있게 그렇다고 고백 할 수가 없었다.
솔직히 내가 처한 환경이 너무 힘들다.
내 오래된 마음의 병이 힘들다. 하지만 내 삶의 중심을 내가 아닌
주님을 향해 시선을 고정시킨다면 하나님이 일하실 것이라고
믿음으로 선포한다.

Jesus in me, I in jesus

#28.

Jesus in me, I in jesus...

우리 가정 이 진리를 늘 기억하며 살아가야지

예나를 보며 생각난 말

Jesus in me, I in jesus...

아멘

동화책에 우리 아빠랑 꼭 닮은

#29.

동화책에 우리아빠랑 꼭 닮은 그림이 있어 그린 그림.
가장 좋아하셨던 성경구절 빌립보서 4장 13절 말씀도 적어 두었다.
글도 잘 쓰시고 그림도 잘 그리셨던 아빠.
아주 어릴 적 손수 작은 인형집도 뚝딱 만들어 주셨던 아빠.
화가 고흐와 사운드 오브 뮤직영화를 좋아하셨던 아빠.
내가 왼손잡이라는 걸 나무라지 않고 좋아하셨던 아빠.
내가 그림그리는 걸 좋아하셨단 아빠를 기억하며
곧 아빠의 기일이다. 나도 늙었나보다. 사무친다.

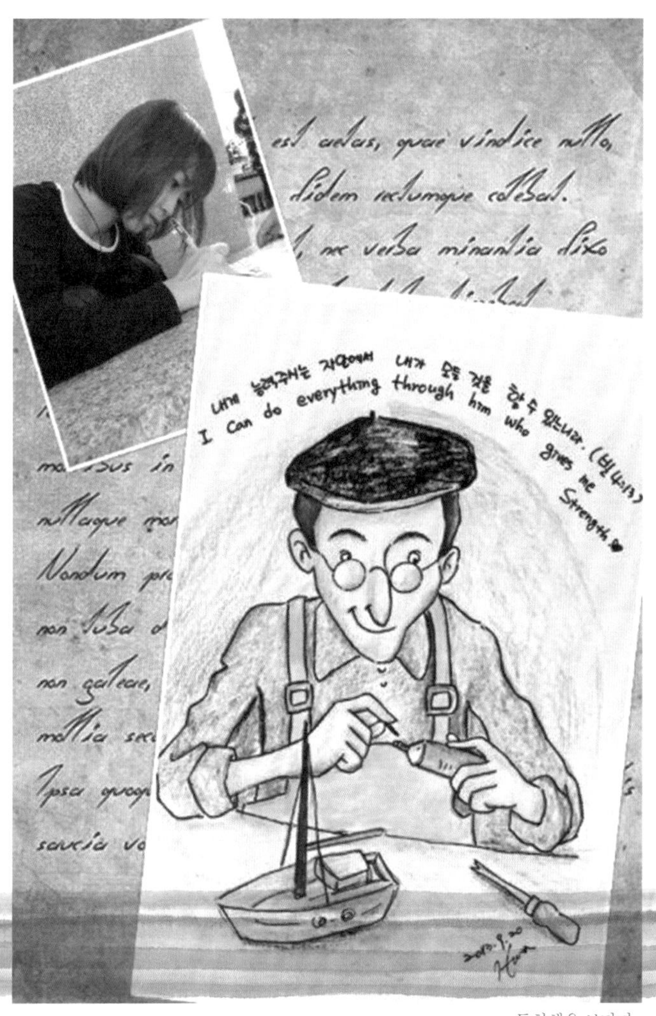
내게 능력주시는 자안에서 내가 모든 것을 할 수 있느니라. (빌4:13)
I can do everything through him who gives me Strength.

동화책을 보다가...

재능기부를 하고 왔다

#30.

나눔은 생전에 아빠가 손수 모범을 보이셨던 부분이였다.
며칠 전 교회에서 크리스마스 데코봉사를 하다가 돌아오는 길에 집 근처 미자립교회가 눈에 띄었고 내 마음에 들어왔다. 일할 사람도 많지 않은 모르는 교회에 도움이 되고 싶어서 재능기부를 하고픈 마음에 재료들을 사다가 한껏 꾸며드리고 왔다. 나를 드러내기 위한 것도 아니고 시간이나 돈이 많아서 한 것도 아니다.
곧 다가오는 크리스마스. 예수님이 주인이신 날 내가 가진 재능으로 섬기고픈 마음이다. 내가 다니는 교회도 아닌데 내 돈 들여 왜 이런 일을 하고 있나 싶겠지만 그래도 주님의 일에 함께 한 것이니 수고를 몰라줘도 상관없는데 너무 좋아하시던 그 교회 목사님 내외를 보니 감사하다.

아들은 사진 찍는 걸 좋아한다

#31.

아들은 사진 찍는 걸 좋아한다.
늘 엄마의 모습을 카메라에 담아준다.
오늘 만든 지 일 년도 넘은 인형표정을 다시 다듬어주고 시장에서 추억의 달고나 뽑기도 하고 왔다.
엄마가 만들어 준 인형을 안고 좋아하는 딸.
엄마와 시장 구경하며 좋아하던 아들.
오늘 하루도 카메라 렌즈속에 서로를 담았다.
요즘 내게 사진과 일기를 통한 기록과 생각들은 소망과 감사를 끌어오기 위한 긍정의 자석 만들기와 같다.
그동안 내 마음엔 절망과 두려움의 아주 강력한 자석이 자리 잡고 심한 공황장애와 우울증의 더 힘든 상황으로 그 자석을 끌어왔음을 깨달았기 때문이다. 오늘을 기쁨으로 살면 되는 것이다.
병원 검사결과도 걱정되고 몸도 생각도 힘들고 지치지만 오늘은 한 번뿐이다. 그런 하루들이 모여 하나님이 내 인생을 통해 축복을 흘려보내주시길 기도한다.

기도로

#32.

기도로
살림도
내일도
그림도
잘가꾸겠습니다.
때로는
뜻대로
되지 않을지라도
주께서
이끄시는대로
감사하며 살겠습니다.

내 아들아 내 말에 주의하며

#33.

"

내 아들아! 내 말에 주의하며 내가 말하는 것에 네 귀를 기울이라.
그것을 네 눈에서 떠나게 하지 말며 네 마음속에 지키라.
그것은 얻는 자에게 생명이 되며 그의 온 육체의 건강이 됨이니라.
모든 지킬만한 것 중에 더욱 네 마음을 지키라.
생명의 근원이 이에서 남이니라.

잠언 40장 20절~22절

새벽에 주신 말씀. 세상으로부터 마음의 깊은 병으로부터 해방되고 마음을 지키고 이제 주를 따르기에 힘쓰길 기도합니다.

창가의 토토를 보다가

꼬맹이가 예나가 그린 그림

#34.

엄마 닮아 그림그리기를 좋아하는 딸아이.

못생긴 손도 엄마를 닮았지. 예나의 그 손을 잡고 날마다 기도한다.

하나님. 이 손으로 주의 일을 하는 아이가 되게 해주세요

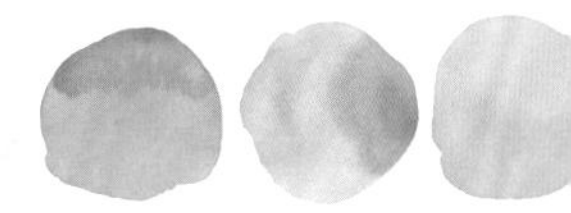

마음은 치열한 전쟁터

#35.

주일 아침부터 복잡한 마음을 달래려 사역반에 가져갈
마늘바게뜨와 쿠키를 만들고 단정히 입고 교회로 나섰다.
예배 가운데 은혜를 입고 사역반에서 성령을 구하고
말씀을 공급받았다. 영에 속한 자는 육의 일에 얽매이지 않는다.
성령님과 동행하고 싶은데 끊임없이 방해하는 육의 생각,
그야말로 마음은 치열한 전쟁터이다. 싸워서 이겨야 한다.

가정예배 스타트

#36.

가정예배스타트. 진작에 했어야하는데 우리가 거하는
이 가정이 예배의 자리가 되길.
아이들의 기도와 찬양에도 힘이 있다는 걸 느꼈다.
생수의 강이 흘러 넘치는 가정이 되게 하소서.

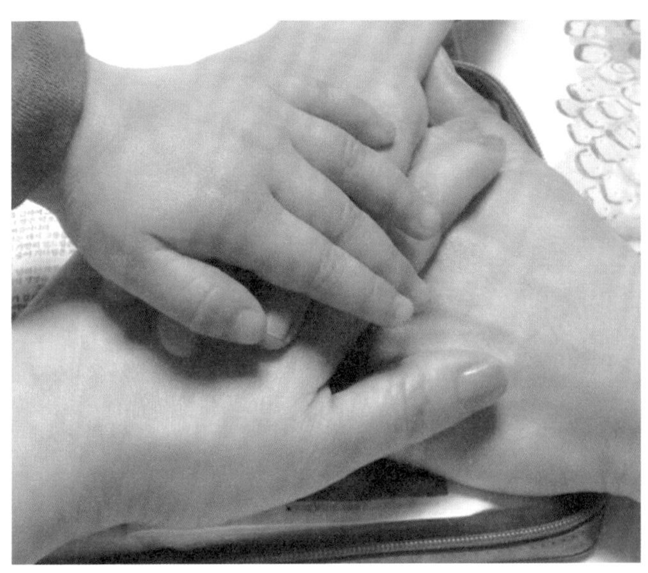

주님의 공식. 덧셈, 뺄셈

#37.

주님의 공식. 덧셈, 뺄셈.
하나님을 알고부터는 세상적인 욕심은 뺄셈이 늘어가고
주님이 나를 향한 계획은 덧셈이 되어간다.
하나님의 더하기 빼기.. 오늘의 생각.

가진 것이 적다고

#38.

가진 것이 적다고 건강하지 못하다고 부유하지 못하다고 걱정하며
내 마음의 근심주머니를 채워갔던 것 같다.
가족과 함께 산책하면 걸을 수 있는 것,
하나님이 주신 모든 것을 볼 수 있는 것, 이런 마음을 느낄 수 있는 것,
그것만으로 웃을 수 있는 일이고
내 마음의 기쁨 주머니를 키워나갈 수 있는 것인걸 알면서
난 왜 힘들어하지?...

예수님을 믿는 것은

#39.

예수님을 믿는 것은 그분과 함께
식사를 하는 것이라고 했다.
말 그대로 예수님과 함께
식사하는 것이 믿음 생활이다.
믿음의 대상이신
예수님과 친밀함이 있어야 한다.
책 '더있다' 중에서

영통의 카페를 지나며 작은 테라스가 예뻐
사진을 찍다가 생각난 글이다.
내 안에 예수님과 친밀함이 있는가?
내 삶의 우선순위가 예수님인가?

예수님...저랑 차한잔 하실래요?

오늘은 아빠기일

#40.

오늘은 아빠기일.

자식들에게 지혜롭고 온화하셨던 우리아빠.

아빠가 더욱 그립습니다.

아빠의 따뜻한 음성도 그립습니다.

자식을 위해 늘 앞서 생각하셨던 우리아빠.

재주 많았던 우리 아빠.

지금까지 그저 죄송합니다.

제게 아빠 같은 분은 다시 없을 겁니다.

아빠가 사랑하셨던 그 하나님...

저도 사랑하며 살겠습니다.

보고 싶습니다.

museum clayarch

예나에게 물었다

#41.

예나에게 물었다.

"우리 예나는 누구를 닮아 그렇게 예뻐?..."

"음..나는 하나님, 예수님 닮아서 그래"

예나야, 그 믿음 변치 않길 기도할게.

ALL IN ONE
직면
대표 기도문

남편과 나, 너무도 다른우리...

#42.

남편과 나. 너무도 다른 우리...

하나님 힘들어요,,, 하나님은 왜 우리를 짝지어 주셨나요?

그건 바로 너에게 맞는 최고의 선물이란다..

.....아...네..그렇군요...감사합니다. 하나님.

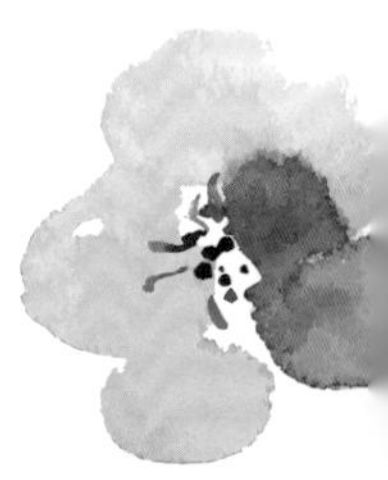

지혜로운 고독

#43.

성공의 시간을 이루기 위해서는 지혜로운 고독의 시간이 필요하다.
예전엔 그 시간이 두렵기도 했지만 지금은 오히려
그 시간을 만들고 싶다. 분명 쓸데없이 보낸 시간보다는
지혜로운 고독의 시간이 성장을 줄테니까.

책 때문에 아빠 편지와 노트를 정리하다가 창세기를
한글과 영어로, 그림으로 일일이 정리해두신 것을 보았다.
참 자상하고 똑똑하신 아빠였다. 그것이 내 지적유산이다.

인생이 그리 길지않다.
아직도 경쾌한 팝을 들으면 기분이 들뜨지만
어느새 나이가 들어버렸다.

전도서의 말씀처럼 범사에 기한이 있고 모든 일에 때가 있다.
지금이라도 시간을 아끼자.

꽃이야기

#44.

나는 꽃을 참 좋아한다.
자연을 직접 만지는 그 싱그러움이 생명력을 더해준다.
예전에는 꽃들을 거들떠보지도 않았고 제일 싫어하는 색도
초록색이었다.
그랬던 내가 언제부터인가 식물과 마음의 대화를 하고
꽃꽂이를 하고 생명의 소중함에 감탄을 느낀다.
지금은 초록이 너무 좋다,
생명의 내음이 너무 좋다.
식물들은 속이지 않는다
정직하게도 계절에 맞게 제 역할들을 다한다.
인위적으로는 절대 만들 수 없는 여러 색들이 꽃과 식물에는 있다.
하나님의 작품이다.
이 세상에서 가장 훌륭한 Pelette이다.
각박한 세상을 여유로 물들여 주고 그림그리기에도 좋은 모델이다.
하나님 어찌 이리 세상을 아름답게 만드셨나요?

해피트리의 기적

#45.

해피트리의 기적.
이사오면서 다 말라죽은 줄 알았던 큰 해피트리에 새순이 돋아났다.
버리려했던 녀석인데 추운 겨울을 견디고 베란다에서 견디고 알리는
생명의 신호를 보여준다.
신기하고 감사하고 기특하다.

아빠가 좋아하셨던 해피트리...

짧은 여행길..달리는 차안에서 부활을 상징하듯
보랏빛 하늘이 눈에 들어와 기록을 남겨두었다.
도약..이 단어가 생각났다.
지금 내겐 필요한 단어이다...
일상의 기록

예배드리고 오는 길

#46.

제자훈련 수료하시는 같은 목장식구에게
작은 선물을 드리고자 꽃 한 묶음을 사와서 선물을 드렸다.
프로는 아니지만 중요한 건 기쁜 마음으로
꽃을 만지는 마음이니 좋아하시겠지.
선물은 그런 것 같다.

받는 사람도 기쁘지만 상대방을 위해 선물을 준비하는
그 과정의 마음이 이미 행복이다 주님이 주신 선물을 생각하니
그 마음이 더 깊이 와 닿는다.
고난이 있고 내 뜻대로 되지 않을때도 있지만 주신 것이 더 많아
감사하다. 인생은 선물이다.

꽃을 만지며 힐링하는 날

#47.

하나님이 주신 자연물들,
어찌 이리 각기 다르게 이쁘게 만드셨어요? 늘 감탄하며 꽃을 만진다.
교회봉사를 위해서도 열심히 해야지

가족

#48.

모습이 닮아가는 우리

삶의 의미가 같은 우리

닮는 것도 삶의 의미가 같아지는 것도 하나님 안에서 이루어진 것

개인주의가 보편화된 요즘사회에서 우리는 사랑주의로 세상에
나가길 기도한다.

안녕..루이스..

#49.

우리에게 또 다른 가족이 생겼다. 오늘 예배 시간에 컴패션의 대표이신 서정인 목사님께서 오셔서 말씀을 전해주셨다. 늘 나눔에 대해 생각하고는 있었지만 제대로 실천하기가 쉽지 않았다. 주님은 나만 잘 살라고 하지 않으셨다. 우리아이들만 생각하라고 하지 않으셨다 네 이웃을 내 몸과 같이 사랑하라고 명령하셨다. 예배를 끝나고 더 이상 미뤄서는 안 된다는 생각이 들었다. 지금이다. 그래서 생긴 우리 아들 루이스... 그 아이의 소개를 우편으로 받았을 때의 감동은 잊을 수가 없다. 내 자식을 낳은 감정과 똑같은 감격이 밀려왔다. 아..이래서 나눔을 하는구나 싶었다. 컴패션의 아이들 사진이 너무 예뻐서 여러 장 부탁드려 가져왔다. 언젠간 이 아이들을 다 그려보겠노라고 마음먹었다. 나눔은 두 배의 행복이 아니라 내 삶을 바꾸어주는 큰 선물과 같다. 돈 몇 만원이 없어 나눔을 하기 부담스럽다는 핑계가 부끄러웠다. 나의 조그만 돕는 손길로 한 아이의 인생이 변화되고 웃음을 줄 수 있다. 이보다 더 좋은 일이 어디 있는가. 지금은 작은 이 나눔이 지경을 넓혀 많은 아이들을 살리는 일에 동참하게 되기를 소망해본다.

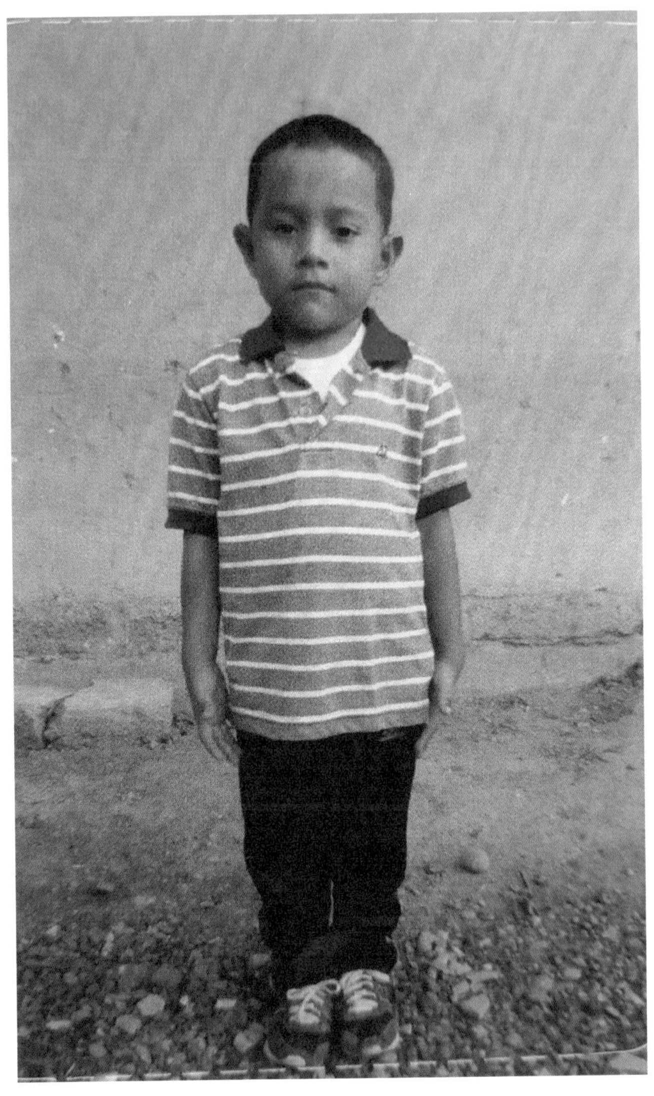

그림을 다시 그리다

#50.

누군가 말하는 듯하다, '이제 그림 그려서 뭐할래?'
글쎄. 작가는 되는 거고..가르치기도 하고..
미술선교도 할 수 있는 거고..
'큰 돈도 안 되는데 재밌냐?' 재밌지는 않지만,
인내의 시간들이 필요하지만 그래도 설레고 좋은 걸 어떡해.
'많이 늦었다고 생각하지 않냐?' 어릴 적 포기하고 돌아온 시간들
생각하면 아깝지만 열정이 있다면 그건 늦지 않은 거야.
열정이 없었다면 그건 이미 꿈이 아닌 거야. 꿈이 있다는 건
인생을 좀 더 의미 있게 살아갈 수 있다는 증거니까
힘들고 고될 때도 있지만 좋은 걸 어떡해.. 그럼 꿈 인거잖아.
주님이 내 안에서 주신 꿈....화이팅..

생각의 군살빼기

#51.

몸무게가 1키로가 늘었다가 줄었다가 한다.
따로 다이어트를 하진 않지만 1키로 빠지기가 쉽지 않다.
나이 들어서 군살이 없어야 하는데...
나이들수록 몸의 건강을 위해 다이어트를 해야 하듯이 생각의 다이어트도 필요하다 생각의 군살이 붙으면 온전히 주님만 바라보기가 힘들어진다. 1kg 빠지기 쉽지 않듯이 작은 습관, 작은 생각의 군살이 쉽게 빠지지 않는다. 육체의 건강을 위해 운동을 하듯 영적건강을 위해서도 운동을 해야 한다.
그것이 주님 바라보며 기도하고 말씀 보는 훈련이다.
생각의 군살 빼기위해 오늘도 성경을 읽고 말씀을 묵상한다.

재림을 확실히 믿음으로

#52.

예수님이 다시 오신다는 약속은 믿지만 마라나타를 외칠 수 있는 소망이 내게 부족했다. 아직도 여전히 준비되지 않았다는 생각과 두려움이 더 크기 때문이다. 곰곰이 생각해보니 하나님은 날 너무나 사랑하신다는 그 사실을 온전히 믿지 못하고 있었던 것은 아닌지 재림을 소망할 정도로 내가 주님을 사랑하고 있지 않은 건 아닌지, 그런 생각이 들었다. 지난 주에 돌아가신 아빠를 모신 부산 추모공원을 다녀오면서 여러 가지 생각이 들었다 불과 몇 년 전만해도 한적했던 것이 이제는 생명을 다한 사람의 자리로 꽉 차서 확장이 되어있었다. 아빠를 뵙고 다른 분들을 보니 참 많은 사람들이 있었다, 아이들부터 노인들까지...어떤 사연으로 일찍 가족을 떠났는지 모르지만 마음이 아팠다. 그러다가 재림에 대한 생각이 스쳤다.

사람은 누구나 개인적인 종말을 맞이하게 될 텐데 지구의 종말도
아무도 모르듯 개개인의 마지막 때도 언제가 될지 모르는데,
정말 시간을 아껴 더 열심히 기도하고 깨어 있어 하루하루를
살아야겠다는 생각이 들었다. 재림을 사모하지 않는다면
삶이 더 고달파지는 것 같고 소망이 없은 것 같다.
하나님, 부디 저를 긍휼히 여겨 주사 깨어 기도하게 하시고
이 딸이 사는 동안 주님을 바라보며 기쁨을 누리게 하시고
주님 다시 오시는 날에 마라나타를 힘차게 외치며 달려 나가는
주의 딸이 될 수 있게 믿음과 평안을 주시길 간절히 기도합니다.
그리움에 아빠 앞에서 눈물을 쏟아내려 할 때 추모공원 속
아빠의 사진이 평안한 미소로 웃고 계셨다.
나 하나님 품에서 고통 없이 편하게 살고 있노라고..걱정말라고...

내가 가장 좋아하는찬양
인생의 고난 중에
#53.

최용덕 가사와 곡, 박근진 노래

당신의 일생 중에 이해할 수도 없는
엄청난 고난이 닥칠 때
당신은 하나님께 감사하십시오

뼈를 깎고 살을 에이는 고통 후에
아름다운 진주가 탄생되듯
이 고난으로 말미암아 하나님은 당신을 성숙시키시기 원해요

때론 남녘으로부터 불어오는 따스한 봄기운처럼
때론 한 여름 몰아치는 대노한 폭풍우처럼
그 시험은 당신에게 다가올 것 입니다

아무도 하나님의 오묘하신 뜻을 알 순 없어요
그 고난을 통해 당신을 성장케 하시려는지
그 고난을 통해 당신을 매질 하시려는지
그러나 우리가 분명히 기억해야 할 것은
이 모든 고난은 그 분의 사랑으로 인한 것이란 사실
분명히 기억해야 해요

***
우리는 너무나 어리석어서 그 고난의 골짜기를 다 지난 후에야
비로소 하나님의 오묘하신 뜻을 깨닫게 됩니다

우리의 이 작은 머리로써는
일일이 그 뜻을 헤아릴 수 없어서
때로는 불평하고 하나님께 원망을 하기도 합니다
그러나 그럴 때도 우리 주님은 빙긋이 웃으시며 지켜보시고
우리의 철부지 어리석음을
용서하여 주시길 원하시지요
그분은 묵묵히 웃으시며
그 고난의 시나리오를 진행시키시고
한 인간의 성숙되어가는 과정을 지켜보고 계시죠
가능하다면 그 처음 불평의 늪에서
빨리 벗어나야 해요
그 만큼 당신은 빨리 하나님의 계획 속에
동참케 되는 것이죠

모질고 험했던 그 고난이 다 지난 후
당신은 조용히 거울 앞에 서서
그 안에 머물러 있는 또 하나의 당신의 모습을
겸손한 맘으로 바라보세요

***
어쩌면 몰골은 더 초라해지고 초췌해졌을지라도
그 안의 거듭 태어난 든든한 당신의 영혼
당신의 그 모습을 볼 수 있다면
당신은 참 복된 인생입니다
이제 조용히 눈을 감읍시다
두 손을 모으고 생각해보세요
우리에게 고난을 주시는 의미를
그리고 기도해요 그리고 기뻐해요
그리고 감사해요

딸의 감사일기 하나님께 영광 돌립니다.

"
생각건대 현재의 고난은 장차 우리에게 나타날 영광과
족히 비교할 수 없도다
(로마서 8:18)

아빠의 일기 하나
그리고 아빠의 노트들

Vol.
Title.
Campus
Campus notebooks contain the best
footscape suitable for writing
NOTEBOOK
Scraps
Vol.
Title.

내가 컴퓨터와 처음으로 상견례를 한 것이 6년 전인가 그렇다.
우리 딸아이의 친구녀석이 어느 날 자기가 쓰던 컴퓨터를 선물로 갖고 온 날이었으니까. 그러나 그 땐 아이들 방에 가서 그것을 만지지가 겁이 났었다. 호기심에 뭘 하나라도 배워 보려고 하면 고장(?)이 나니까 그 때마다 딸아이의 친구에게 SOS를 보내 부탁을 해야 했고 그러면 또 내 호주머니의 많지 않은 용돈이 접대비(?)로 희생되어야 했고... 그러나 그 친구녀석이 우리 집에 고장난 PC를 고쳐주러 온 날은 아주 즐거웠었다.
자기들끼리 주고받은 PC용어들은 무슨 말인지 못 알아들었지만 우선 그 친구가 무척 예의바르고 진실한 청년이어서 이 늙은이가 묻는 질문에 귀찮음 표정 한번 없이 친절을 다해 답해 주었기 때문이다. 아쉽게도 지금 그 친구아이는 내가 연락을 줄 수 없는 곳으로 떠나 버렸다. 그는 우리 아이들의 친구이기도 하지만 내 컴퓨터 입문의 스승이었고 훌륭한 도우미였다.
무슨 KEY를 하나 잘못 눌러서 그랬는지 모르지만 컴퓨터가 말썽을 부리면 그 아이가 와서 한 줄 또는 몇 줄 알수 없는 영어 단어를 타이핑하고 재부팅하면 언제 그랬느냐는 듯 멋진 윈도우 바탕화면이 다시 뜰 땐 정말 그 아이가 존경스러웠다.
그래서 난 그 녀석만 오면 같이 점심도 먹고 싶었고 차비하라고 용돈도 주고 싶었다.
물론 그 아이는 한사코 사양했었지만....
그 아이가 선물로 준 386이 수명이 다 된 것 같다기에 그 친구에게 부탁해서 486DX-2인가 하는 역시 조금 쓰던 조립 PC를 몇 십만원 주고 하나 샀다.
모르는 내가 봐도 그 전 것보다 훨씬 성능이 좋아 보였다.
그러나 성능이 좋아졌으면 뭐하나 내가 마음놓고 만지기

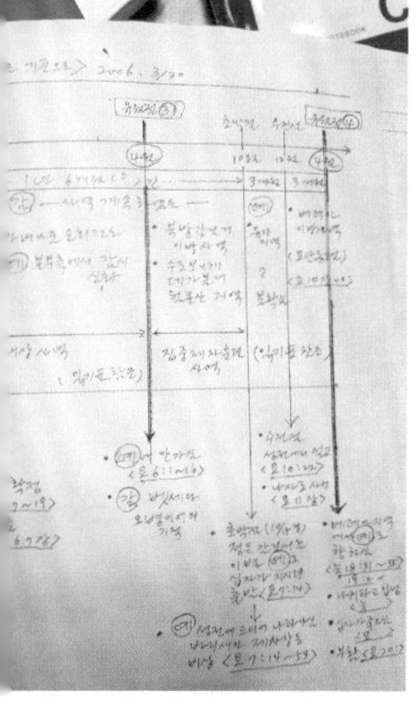

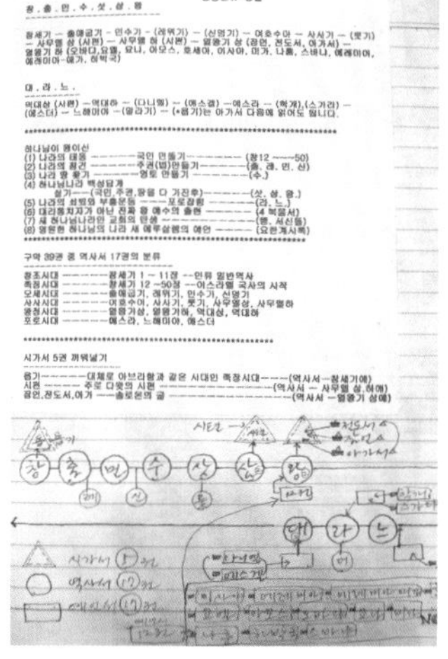

성경분류-창출

창 . 출 . 민 . 수 . 삿 . 삼 . 왕

창세기 — 출애굽기 - 민수기 - (레위기) — (신명기) — 여호수아 — 사사기 — (룻기) — 사무엘 상 (시편) — 사무엘 하 (시편) — 열왕기 상 (잠언, 전도서, 아가서) — 열왕기 하 (오바댜,요엘, 요나, 아모스, 호세아, 이사야, 미가, 나훔, 스바냐, 예레미야, 예레미야-애가, 하박국)

대 . 라 . 느 .

역대상 (시편) —역대하 — (다니엘) — (에스겔) —에스라 — (학개),(스가랴) — (에스더) — 느헤미야 —(말라기) — (*욥기)는 아가서 다음에 읽어도 됩니다.

****

하나님이 꿈이신
(1) 나라의 태동 ————국민 만들기 ———— (창12 ——50)
(2) 나라의 조건 ————주권(법)만들기————(출. 레. 민. 신)
(3) 나라 땅 찾기 ————영토 만들기 ————(수.)
(4) 하나님나라 백성답게
살기——(국민,주권,땅을 다 가진후)————(삿. 삼. 왕.)
(5) 나라의 쇠퇴와 부흥운동 ——포로귀환 ————(라. 느.)
(6) 대리통치자가 아닌 진짜 왕 예수의 출현 ———— (4 복음서)
(7) 새 하나님나라인 교회의 탄생 ————————(행. 서신들)
(8) 영원한 하나님의 나라 새 예루살렘의 예언 ———— (요한계시록)

****

구약 39권 중 역사서 17권의 분류

창조시대 ————창세기 1 ~ 11장 --인류 일반역사
족장시대 ————창세기 12 ~50장 --이스라엘 국사의 시작
모세시대 ————출애굽기, 레위기, 민수기, 신명기
사사시대 ————여호수아, 사사기, 룻기, 사무엘상, 사무엘하
왕정시대 ————열왕기상, 열왕기하, 역대상, 역대하
포로시대 ————에스라, 느헤미야, 에스더

****

시가서 5권 끼워넣기

욥기————대체로 아브라함과 같은 시대인 족장시대———(역사서—창세기에)
시편 ———— 주로 다윗의 시편 ————————(역사서 — 사무엘 상,하에)
잠언,전도서,아가 ——솔로몬의 글 ————————(역사서 —열왕기 상에)

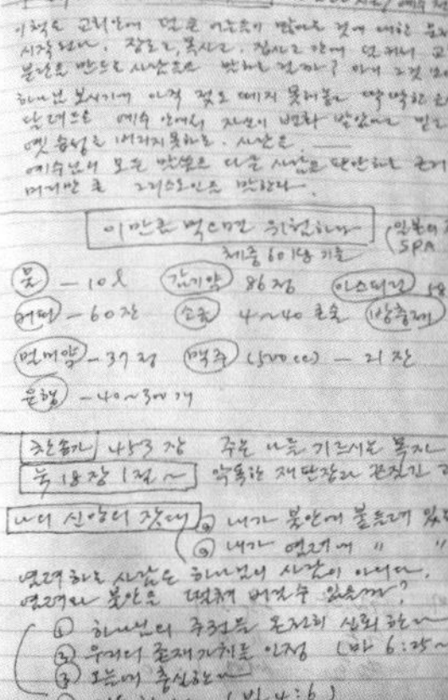

사랑하는 경환 정윤에게:
우리의 영생을 위해서 주님이 오셨던
성탄을 축하하고 새해 우리 가정의
성숙을 위해서 노력하자.

너희들을 허락해 주신 하나님 은혜에
늘 감사한단다. 아빠.

Ge 32:21— So Jacob's gifts went on ahead of him,
but he himself spent the night in the camp.
Ge 32:22— That night Jacob got up and took his two wives,his two maidservants
and his eleven sons and crossed the ford of the Jabbok.
Ge 32:23— After he had sent them across the stream, he sent over
all his possessions.
Ge 32:24— So Jacob was left alone, and a man wrestled with him till daybreak.
Ge 32:25— When the man saw that he could not overpower him,
he touched the socket of Jacob's hip so that his hip was wrenched
as he wrestled with the man.
Ge 32:26— Then the man said, "Let me go, for it is daybreak."
But Jacob replied, "I will not let you go unless you bless me."
Ge 32:27— The man asked him, "What is your name?" "Jacob," he answered.
Ge 32:28— Then the man said, "Your name will no longer be Jacob,but Israel,
because you have struggled with God and with men and have overcome."
Ge 32:29— Jacob said, "Please tell me your name." But he replied,
"Why do you ask my name?" Then he blessed him there.
Ge 32:30— So Jacob called the place Peniel, saying, "It is because
I saw God face to face, and yet my life was spared."
Ge 32:31— The sun rose above him as he passed Peniel, and
he was limping because of his hip.
Ge 32:32— Therefore to this day the Israelites do not eat the tendon
attached to the socket of the hip,
because the socket of Jacob's hip was touched near the tendon.

로마제국의 등장과 시리아와의

겁이 나는 건 마찬가진 걸.

하루의 일을 마치고 집에 오면 피곤했고 밤늦은 시간에 딸애들 방에 들어가기도 그렇고...

그리고 조금 억울했던 건 어쩌다 한번 컴퓨터와 친해보려고 만지고 나면 내가 고장냈건 자기들이 고장냈건 상관없이 언제나 범인은 내가 되고 그 때마다 우리 모두의 스승인 그 친구가 와서 고쳐줬고 기쁘고 고마운 마음에 스승님에게 식사를 대접하려고 하면 꼭 정말이지 한 번도 빠진 적 없이 두 딸애들이 끼어 들었었다. 그렇지 않아도 빠듯한 용돈 더블이나 트리플로 날리게 하고... 속으로는 '이번에는 내 탓이 아닌 것 같은데' 하면서도 모르니까 무조건 내가 잘못한 것이 되게 되어 있었다.

그 때마다 그 친구아이는 내게 좋은 조언을 해주었다.

"아버님! 컴퓨터 고장날까봐 걱정하지 마시고 자꾸 해보세요. PC는 깡통에 불과하니까 하드웨어적인 고장이 아니라 대부분이 소프트웨어적인 것입니다."

나는 대답했었다.

"고장만나면 아이들 잔소리 듣기 싫어서 이젠 나 안 할 거야."

모뎀을 통해 PC통신에 아이들이 심취했던 때는 나는 PC옆에 갈 기회가 별로 없었다. 대화방에 들어갈 수도 없고 기초지식이 없어 자료실을 찾기도 그렇고...

그 땐 초고속 인터넷망이 깔리기 전이라 인터넷 이용요금이 전화료로 나왔는데 타자솜씨가 괜찮은 아이들만이 이용했는데도 비용이 만만치 않았다.

그런데 독수리 타법에 자판도 익숙하지 않은 내가 끼어들 수는 없었다. 마음은 가까이 하고 싶었지만 아이들이 하는 PC를 그냥 가끔 구경하는 것으로 만족하는 생활이 몇 년 흘러갔다.

그러다가 내가 컴퓨터와 매일 한 두 시간이나마 마주 앉아 친해지기 시작한 것은 작년 봄 다니던 직장을 그만두고 자유시간을 갖고 나서부터이다. 이 신기한 깡통친구와 첫 상견례를 한 때로부터 5년 만이었다. 그 동안 정보인프라가 좋아져서 초고속 인터넷망이 우리 임대아파트에도 깔렸고 모뎀은 LAN카드로 바뀌고 요금도 정액제로 우리같은 서민들의 부담도 가벼워져서 마음만 먹으면 인터넷서핑을 즐길 수 있는 환경이 되었다. 자유시간을 가졌다고 하지만 그것도 2~3개월 만이었고 오프라인에서의 생활의 부담에서 자유로울 수 없었던 나는 오후시간엔 PC와 가까이 지낼 수 없는 노후의 준비를 못한 실버세대이다.
내 나이 60대 중반. 남들은 나를 측은한 눈빛으로 바라볼지도 모른다. 그러나 난 PC가 있어 행복하다. 왜냐하면 이 깡통친구만 앞에 있으면 내가 젊었을 때 하고 싶었던 것 그리고 지금 하고 싶은 것 거의 모두 할 수 있으니까... 젊었을 땐 여러 곳을 여행을 하고 싶었고 화가들의 그림들도 좋아했다. 그 꿈들을 모두 즐길 수 있도록 이 깡통친구가 도와준다. 황금 같은 오전 자유시간을 아주 유용하게 쓰고 싶어서 부산시에서 마련한 정보화교육을 지난 4월부터 받은 것이 내겐 큰 힘이 되었다. 한글 97, 인터넷활용 그리고 홈페이지 제작과정은 거쳤는데 엑셀은 아직 수강하지 못했다.
내 눈에 비친 교육정보원의 강의실 모습은 너무나 아름답다.
주부들, 노년층 그리고 서민들의 배움의 자세는 진지하고 순수했다. 그 모습들에서는 요즘 매스컴에서 한참 떠들고 있는 서울 무슨 아파트 청약의 경쟁률이 몇백 대 1이니, 평당 가격이 1,500만원이니 하는 허영도 찾아볼 수 없고 1등부터 꼴찌까지 꼭 등수를 매겨 줄을 세워야 직성이 풀리는 잘못된 가치관도 찾아볼 수 없다.
배우고 싶다는 순수한 열정만 보인다.

Love is patient, love is kind. It does not
it does not boast, It is not proud.
It is not rude, it is not self-seeking, it is
easily angered, it keeps no record of wron
Love does not delight in evil but rejoices w
the truth.
It always protects, always trusts, always h
always perseveres.
Love never fails. But where there are pro
they will cease; where there are tongues,
they will be stilled, where there is know
it will pass away.
For we know in part and we prophesy in
but when perfection comes, the imperfect
disappears.
When I was a child, I talked like a ch
I thought like a child, I reasoned like a
when I became a man, I put childish wa
behind me
Now we see but a poor reflection as in
then we shall see face to face. Now I
in part; then I shall know fully, even
I am fully known.
And now these three remain; faith
and love. But the greatest of these is
Romans 8:28
And we know that in all thin
God works for the good of thos
love him, who have been call
according to his purpose.

About the ninth hour Jesus cried out in a loud voice,
"Eloi, Eloi, lama sabachthani?"—which means,
"My God, my God, why have you forsaken me?"
And at the ninth hour Jesus cried out in a loud voice, "Eloi, Eloi,
lama sabachthani?" -
which means, "My God, my God, why have you forsaken me?"
Jesus said, "Father, forgive them, for they do not know what
they are doing." And they divided up his clothes by casting lots.
Jesus answered him, "I tell you the truth, today you will be with me
in paradise."
Jesus called out with a loud voice, "Father, into your hands
I commit my spirit." When he said this, he breathed his last.
When Jesus saw his mother there, and the disciple whom he loved sta
nearby, he said to his mother, "Dear woman, here is your son,"
and to the disciple, "Here is your mother." From that time on,
this disciple took her into his home.
Later, knowing that all was now completed, and so that the Scriptur
would be fulfilled, Jesus said, "I am thirsty."
When he had received the drink, Jesus said, "It is finished."
With that, he bowed his head and gave up his spirit.

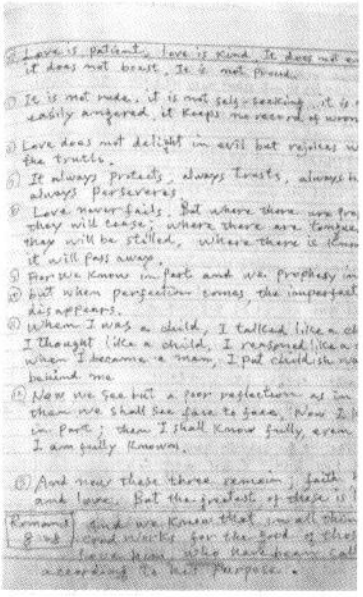

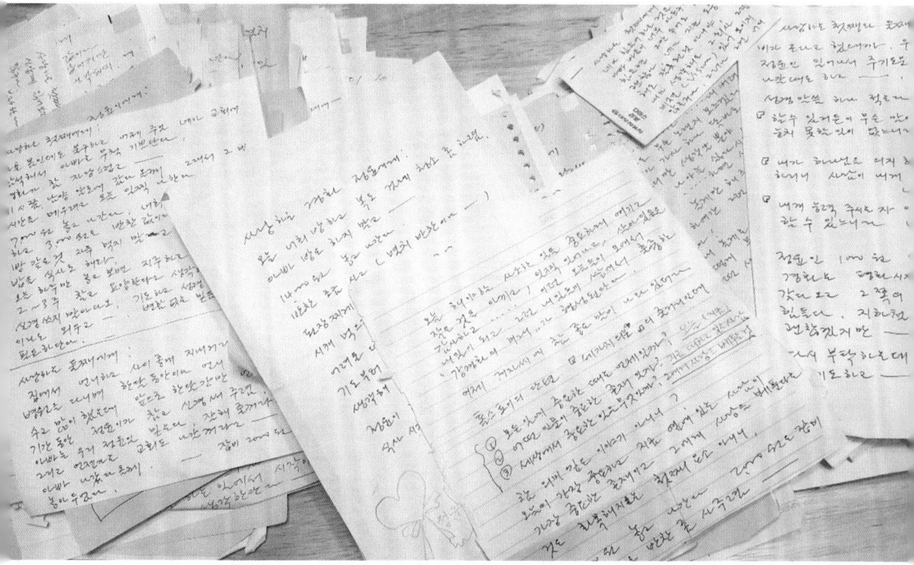

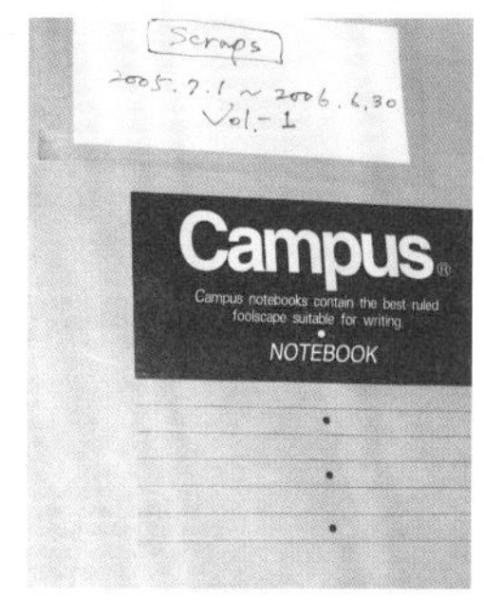

Scraps
2005. 7. 1 ~ 2006. 6. 30
Vol. 1
Campus
Campus notebooks contain the best-ruled foolscape suitable for writing.
NOTEBOOK

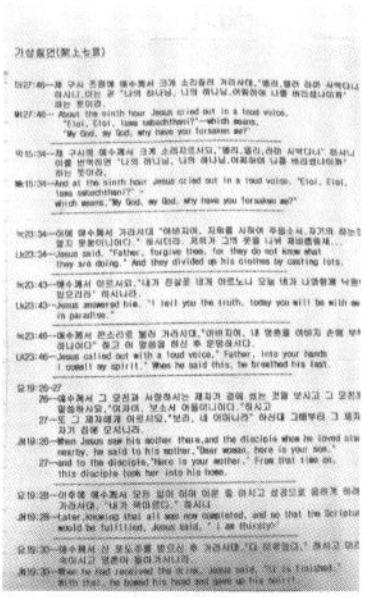

메뚜기 재앙

반기성 대령은 공군기상장교로 일관. 공군73기상전대 기상전대장 침신대 신대원 졸업했으며,

세례 요한이 광야에서 먹었던 음식이 메뚜기와 석청 이었다는 목사님의 말에 "세상에서 가장 좋은 것을 먹었네, 그려" 예수님을 믿는 아내가 집에서 예배를 드리는 것을 못 마땅 해하던 코미디언 구봉서씨가 내 뱉은 말이라고 한다. 말린 메뚜기는 50% 이상의 단백질과 약 20%의 지방질을 포함하고 있으며 석청은 자연벌꿀로 꽃가루와 벌의 유충이 들어있어 최고의 식품이라고 할 수 있으니, 구봉서씨의 말이 그리 틀린 말은 아니다.

성경에는 메뚜기 이야기가 많이 나오는데, 메뚜기는 긍정적이기 보다 부정적인 이미지를 가지고 있다. 사람들이 땀 흘려 얻은 곡식을 모조리 부셔버리는 강력하고 거대한 적의 군대나, 하나님이 죄를 진 사람에 대한 형벌의 상징으로 그려진다. 그래서인지 중동지역 사람들은 메뚜기 떼의 출현을 가뭄이나 역병과 같은 천재지변으로 생각했다. 노예생활을 하고 있는 이스라엘 민족을 풀어달라는 탄원을 거절한 애굽의 왕에게 모세가 8번째로 보낸 재앙이 바로 거대한 메뚜기 떼였다.

"모세가 애굽 땅 위에 그 지팡이를 들매 여호와께서 동풍을 일으켜 온 낮과 온 밤에 불게 하시니 아침에 미쳐 동풍이 메뚜기를 불러들인지라 메뚜기가 애굽 온 땅에 이르러 그 사방에 내리매 그 해가 심하니 이런 메뚜기는 전에도 없었고 후에도 없을 러라" (출애굽기 10장 13-14절).

얼마나 많은 메뚜기 떼가 날아 왔는지 한 낮에도 어두울 정도였고, 메뚜기 때문에 애굽의 모든 농작물을 먹어버려 푸른 것이 하나도 남지 않았다고 한다. 중동 지역에 주로 피해를 주는 메뚜기는 사막메뚜기(학명, Schistocerca gregaria) ... 메뚜기 박사 우바로프(B. P. Uvarov, 1928)는 군생상(phasis gregaria)일 때 메뚜기가 떼를 짓는다 ... 다. 이 국면은 메뚜기가 지극히 활동적이며 ... 인 모습으로 바뀌는 때를 말한다. 이렇게 바뀌 ... 은 사막메뚜기의 본거지인 아프리카 수단의 ... 에 영향을 받기 때문이다. 메뚜기는 습지에 ... 아 한 두 해 동안 번식하기에 충분한 강수량 ... 을 경우 거대한 무리를 이루게 된다. 이때 ... 기상학적인 이유로 충분한 영양을 공급받지 ... 경우 기다란 날개가 생겨나면서 떼를 지어 ... 한다. 이들은 약 2,000km까지 이동하여 북쪽 ... 러시아 남쪽까지, 동쪽으로는 인도를 지나 ... 지, 서쪽으로는 스페인 남부까지, 남쪽으로는 ... 프리카공화국까지 날아가 피해를 준다.

메뚜기의 이동은 전적으로 바람의 세기와 ... 영향을 받는다. 이때 여호와가 하루 종일 ... 불게 하니 메뚜기가 날아왔다고 기록하고 ... 동풍이 메뚜기를 몰고 왔다는 것은 메뚜기 ... 리비아 사막에서 건조한 바람을 타고 날아 ... 것을 뜻한다. 아프리카에서 발생한 메뚜기 ... 리비아 사막이나 요르단 지역에서 겨울을 ... 월부터 이동을 시작한다. 메뚜기 재앙은 ... 말에서 4월 초에 발생했다. 이때는 아라비아 ... 에서 애굽 쪽으로 함신(Hamsin)이라는 뜨겁고 ... 한 바람이 불기 ... 때다. 이 바람을 ... 뚜기 떼가 아라비아 ... 에서 애굽까지 날아 ... 하루 정도 걸린다. ... 와는 초자연적인 ... 으로 메뚜기를 부른 ...

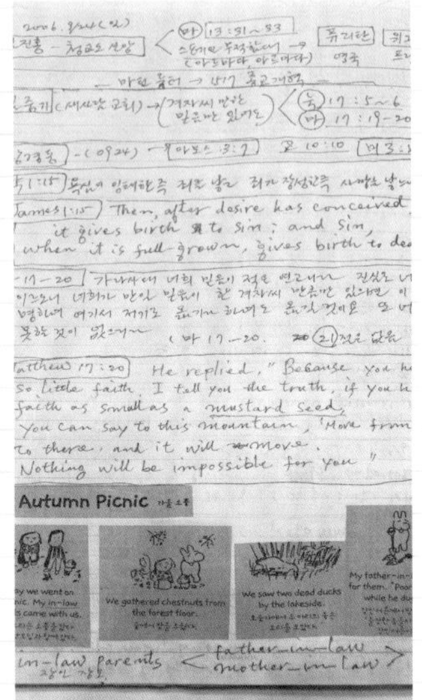

강사 선생님들은 우리보다 나이가 한참은 어리지만 수강생들은 겸손한 제자들이고 그들은 예절바른 스승의 모습이었다.
아마도 강의를 하기가 무척 힘들거라 짐작된다.
같은 교육과정이라도 수강생들의 기초지식이 천차만별이라서 기준점을 찾기가 어려울 것이기 때문이다.
게다가 배워서 이해했다가도 돌아서면 잊어버리는 실버세대들에게는 더욱 그럴 것이다. 그래서 실버세대에 있어 PC를 배운다는 것은 외국어를 배우는 것처럼 어렵고 젊은 세대들과 같이 주위환경이 자연스레 조성되어 있지 않다.
기억력을 포함한 모든 조건에서 젊은 세대들과 게임이 되지 않는다.
내가 좋아하는 친구 둘이 지방도시에 있는데 생활은 나보다 훨씬 부유하지만 둘 다 컴맹이다.

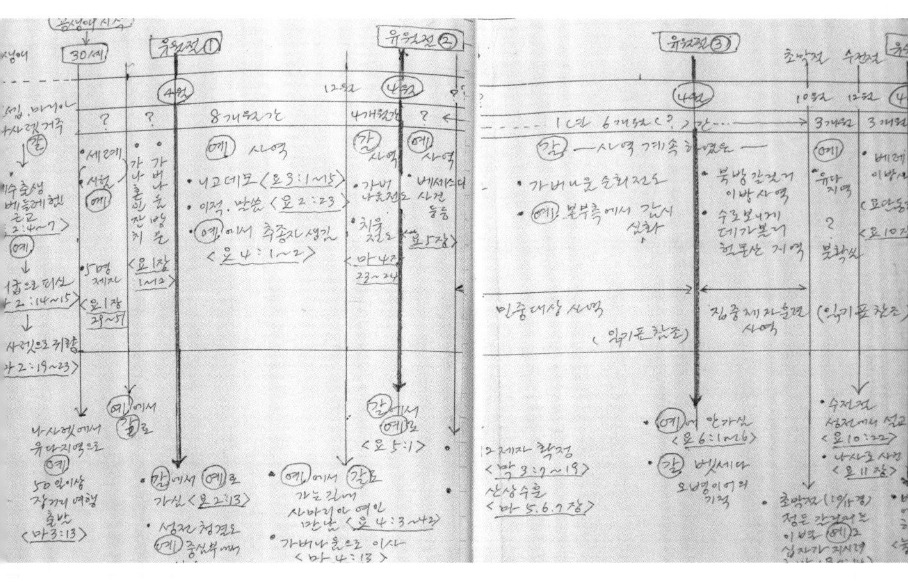

나는 어떻게 해서라도 그들을 컴퓨터 앞에 끌어내서 E-Mail을 주고 받으며 노년을 같이 즐기고 싶었다. 포항에 있는 한 친구는 몇 번의 권유에도 "이제 늘그막에 뭐하려고"였고, 또 한 친구는 자기는 배워보고도 싶은데 왕컴맹인 자기 부인의 잔소리가 더 심해질 것이 뻔하기 때문에 포기하겠다고 했다.

그래서 나도 그들과의 온라인 교분은 포기하고 말았다.

그들의 말처럼 내가 이제 컴퓨터를 배워서 생업의 수단으로 삼겠다고 생각이 있어서가 아니다. 디지털세상을 향유하는 건 내 아이들 또래의 몫이다. 난 그저 그들이 누릴 정보화 사회에서 낙오하지 않게 까막눈 아빠가 아닌 한 토막의 작은 퍼즐조각이나마 같이 주어주는 아빠가 되고 싶은 것이다.

몇일전 갑자기 추워진 날.
기침을 달아 놓고 하는 큰 딸애가 얇은 블라우스 하나 달랑 입고
출근한 것이 신경이 많이 쓰였다. 늦게 대학교를 다닌다고
옷 하나 사 입을 여유도 없이 힘들어하는 것 같아서 퇴근길에
스웨터 하나 사 입고 오게 하고 싶었다.
컴퓨터를 켰다.
내 인터넷뱅킹 ID와 비밀번호를 적어넣기 위해 폴더옵션에서
숨김파일 및 폴더표시에 체크하고 몇 만원을 딸애한테 보내고
다시 표시안함에 복귀시켜 놓았다.
만에 하나 다 털려봐야 몇십만원인 것을 내가 왜 쓰일 때마다
그 죄 없는 폴더를 숨바꼭질시킬까.
맨 처음 그런 기능을 알았을 때는 신기하고 재미있어 그랬고
이젠 습관적으로 그렇게 한다.
난 지난 일년동안 컴퓨터와 친해지려고 노력을 많이 했다.
그 덕분에 용어에서부터 여러 가지 지식의 조각들을
제법 많이 머리 속에 입력시켜 놓았다. 그런데 조각일 뿐 파일로
정리되어 있질 않다. 그래서 많이 아는 것 같은데 사실은

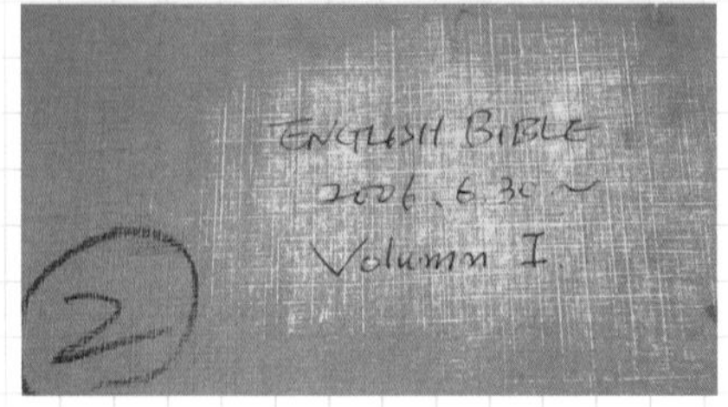

실제상황에 부딪히면 모를 때가 많다.
아이들은 나보다 10분의 1도 노력 안하고도 동영상 편집이니
인터넷 예약이니 검색이니 잘도 하던데 난 어려울 때가 많다.
"아버님. 컴퓨터는 공부하려 하지 마시고 그냥 매일 신문 한번
읽어보듯 CLICK, CLICK 하다가 재미없으면 끄고 그렇게 하세요."
친구아이의 말이 명언이란 생각이 든다.
이제 Atom의 시대는 가고 Bit의 시대가 왔다고 한다.
ON/OFF란 아파트 벽에 붙은 전기를 켜고 끄는 스위치 버튼인 줄만
알았던 우리 실버세대에겐 0과 1이 조합해서 만들어 내는
디지털 세상에 적응하기가 쉽지 않다.
아날로그의 느림과 여유로움이 더 평안할 때가 많다.
그러나 어떻게 해랴 돌아올 수도 돌이킬 수도 없는
옛날의 아날로그 시대인 것을...

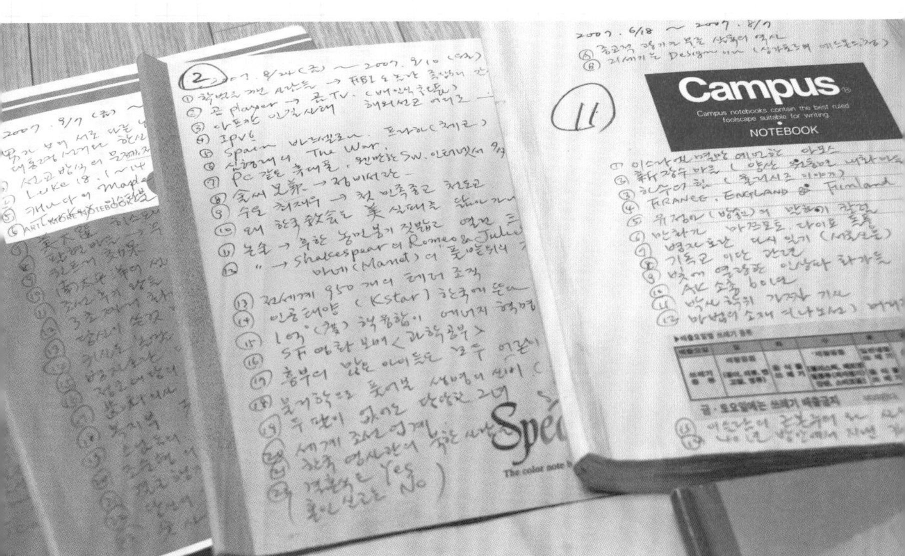

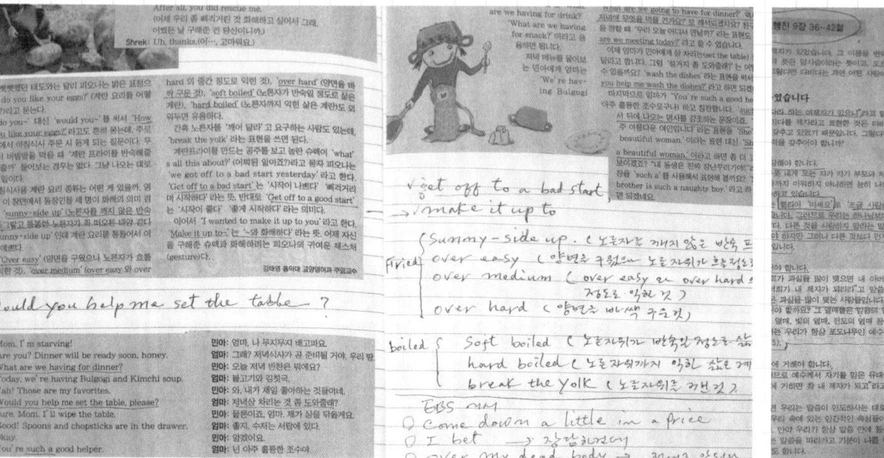
After all, you did rescue me.
(어제 우리 좀 삐걱거린 것 화해하고 싶어서 그래.
어쨌든 날 구해준 건 당신이니까.)
Shrek: Uh, thanks.(어…, 고마워요.)

hard 의 중간 정도로 익힌 것), 'over hard' (양면을 바싹 구운 것), 'soft boiled' (노른자가 반숙일 정도로 삶은 계란), 'hard boiled' (노른자까지 익힌 삶은 계란)도 외워두면 유용하다.

간혹 노른자를 '깨어 달라' 고 요구하는 사람도 있는데, 'break the yolk' 라는 표현을 쓰면 된다.

계란프라이를 만드는 공주를 보고 놀란 슈렉이 'what's all this about?' (어쩐 일이죠?)라고 묻자 피오나는 'we got off to a bad start yesterday' 라고 한다. 'Get off to a bad start' 는 '시작이 나쁘다' '삐걱거리며 시작하다' 라는 뜻. 반대로 'Get off to a good start' 는 '시작이 좋다' '좋게 시작하다' 라는 의미다.

이어서 'I wanted to make it up to you' 라고 한다. 'Make it up to~' 는 '~와 화해하다' 라는 뜻. 어제 자신을 구해준 슈렉과 화해하려는 피오나의 귀여운 제스처(gesture)다.

김태영 홍익대 교양영어과 주임교수

√ get off to a bad start
→ √ make it up to

Fried
Sunny-side up. (노른자를 깨지 않은 반숙 …
over easy (양면을 구웠으나 노른자위가 흐를 정도 …
over medium (over easy 와 over hard 의 … 정도로 익힌 것)
over hard (양면을 바싹 구운것)

boiled
Soft boiled (노른자위가 반숙일 정도로 삶 …
hard boiled (노른자위까지 익힌 삶은 계 …
break the yolk (노른자위를 깨는 것)

EBS [illegible]
Come down a little in a price
I bet → 장담하건대

Would you help me set the table?

Mom, I' m starving!	민아: 엄마, 나 무지무지 배고파요.
Are you? Dinner will be ready soon, honey.	엄마: 그래? 저녁식사가 곧 준비될 거야, 우리 딸.
What are we having for dinner?	민아: 오늘 저녁 반찬은 뭐예요?
Today, we' re having Bulgogi and Kimchi soup.	엄마: 불고기와 김칫국.
Yah! Those are my favorites.	민아: 와, 내가 제일 좋아하는 것들이네.
Would you help me set the table, please?	엄마: 저녁상 차리는 것 좀 도와줄래?
Sure, Mom. I' ll wipe the table.	민아: 물론이죠, 엄마. 제가 상을 닦을게요.
Good! Spoons and chopsticks are in the drawer.	엄마: 좋지. 수저는 서랍에 있다.
Okay.	민아: 알겠어요.
You' re such a good helper.	엄마: 넌 아주 훌륭한 조수야.

"Being Digital"에서 미래학자인 N.네그로폰테는 Bit를 색깔도
무게도 없지만 빛의 속도로 떠다니는 정보의 DNA라고 표현했다.
추운 겨울 내 방에 편히 앉아서 여름날의 디지털 건초내음도 맡을 수
있고 외출했다가 집에 돌아오면 내가 좋아하는 "동물의 왕국"
몇 회분을 녹화해 놓았다고 알려주는 Home-networking의
시대가 오고 있단다. 그 때가 그리 멀지 않다고들 하고
우리 아이들도 그 때쯤 인식의 틀이 많이 변하리라 생각된다.
그 때를 살아갈 우리 아이들을 위해서 우리 쉰 세대들이 해 주어야
할 일은 Offline에서 그들을 멍들게 했던 잘못된 가치관들을
청소해주는 일일 것이다.
그러자면 쉰 세대들도 컴퓨터를 좀 알아야 하지 않을까.
나는 우리나라가 정보화에선 선진국임을 자랑스럽게 생각하고
인터넷을 할 때마다 괜히 우쭐해지곤 한다. 시민정보화교육플랜을
시행해 주는 부산시에도 그리고 부산시의 위탁교육을 맡아 좋은

시설을 이용하게 해 준 교육정보원에도 감사한다.
아쉬움이 있다면 2주간의 교육기간이 한 과정을 끝내기엔
너무 짧다는 것이다.
어느 시간엔가 한 과목의 수강시간을 4주간으로 조정할 수 없는가고
내가 질문한 적이 있었는데 그 때 강사선생님 말씀이
시의 정보화교육의 취지가 한정된 예산한도 내에서 되도록 많은
시민들이 정보화교육을 받게하기 위함이라 했다.
"아, 그렇겠구나!" 하고 내 질문을 접은 적이 있다.
사실 생활이 어려운 서민들일지라도 뜻만 있으면 인터넷상에
무료교육프로그램이 많다. 나 자신도 지난 몇 개월 동안
"배움나라"에 회원등록 해 놓고 여러 과목을 수강했다.
그 때마다 마음속으로 감사의 인사를 잊지 않았다.
어디 그 뿐이랴 인터넷상엔 무료로 다운로드 받아 쓸 수 있는
소프트웨어도 많다.
중학교 때 영어시간에 얻어듣고 내가 지금까지 쭉 좋아하고 있는
격언구절처럼 뜻이 있는 곳엔 반드시 길이 있다고 믿는다.
Where there is a will, there is a way.

Proverbs 30: 7 ~ 9

7—내가 두가지 일을 주께 구

8—곧 허탄과 거짓말을 내게
부하게도 마옵시고 오직

9—혹 내가 배불러서 하나님
내가 가난하여 도적질하고

7—Two things I ask of you

8—Keep falsehook and lies
but give me only my dai

9—Otherwise, I may have t
or I may become poor an

시편119:71—고난 당한 것이
배우게 되었나이

me to be afflicted so that
es.
—# 시편 119편은 176절 까지

으로 (육체적,정신적으로)괴롭
ebts—빚에 시달리다.
r failure—그는 너의 실패를
illness—병으로 고생하다
사람들

)명령, 판결 (宗)(공의회의)
계율
(should) die—그는 죽을 운

걸리다. ~에 채여 비틀거리다
우치다. 발견하다(흔히 up, u

l along—노인은 비틀거리며
e book at a secondhand boo
책 한권을 발견했다.
고품, 2.—간접의 전해들은

erty nor riches,

Who is the Lord?"
of my God.

주의 율례를

might

있다.

다.

알고 마음아파 했다

별의,敎令

내 좁은 방엔 지금도 몇 년전 386 컴퓨터에서 뜯어낸 사운드카드와 그래픽카드 그리고 메인보드와 4MB짜리 램 등 구닥다리 주변기기가 걸려 있다.
"옥소리"라는 사운드카드는 지금 나오는 카드보다 거의 세배는 크고 ISA슬롯에 꽂게 되어 있는 것이다. 그것들을 벽에 걸어놓은 이유는 처음 내게 컴퓨터를 소개시켜 준 나의 스승인 우리 아이들 친구녀석에 대한 그리움과 고마움 때문이기도 하고 나의 그 때 열정을 추억하고 싶어서 이기도 하다.
나는 요즈음 인터넷 서핑을 하면서 소망하는 것이 한가지 있다. 우리 딸아이들의 결혼식을 인터넷으로 시키고 싶은 것이다. 하객들의 머릿수를 헤아려 사회생활을 잘 했군 못했군 하는 사고방식이나 세금계산서 같은 청첩장, 무슨 예물을 최소 어느 정도 해야 되고 하는 등등의 결혼문화가 싫은 것이다.
이 다양성의 시대에 왜 못 가진 사람들이 많이 가진 사람들 흉내를 내야되는 걸까.
방법은 아직 구체적으로 생각해 보지 않았지만 창의적인 방식으로 새로운 결혼문화를 만드는 선구자가 될 수도 있는데...
이런 내 생각을 아이들에게 말하고 그들의 의향을 물어본 적이 있었다. 돌아온 대답은 "그건 아빠의 희망사항이지 그런 생각하는 사람 아무도 없어요."
신세대라고 하는 우리 아이들까지 그러니까 내가 이상한 사람이 아니면 선각자인가?
아무튼 어떤 예식으로 결혼식을 하던 큰 아이가 결혼하기 전에 내가 할 수 있는 선물을 하나 준비하고 싶어서 한 달 전에 디지털 카메라도 하나 사고 Homepage 강좌도 듣고 있는데 이번 경우만은 나의 욕심이 지나쳤음을 자인한다.

Speech & Speak

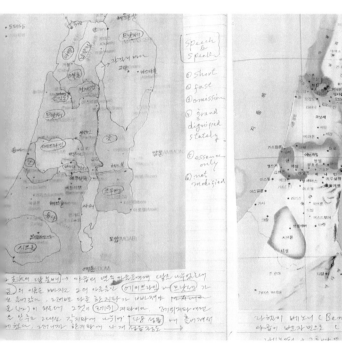

① short
② fast
③ omission
④ grand dignified stately
⑤ essence only
⑥ not modified

支派의 담 불버니 → 야곱의 열두 아들들에게 땅을 나누었는데 (요셉)의 이름은 빠지고 그의 아들들인 (에브라임)과 (므낫세)가 로 들어갔다. 그러면 다른 한 지파가 빠져야 [illegible] 둘(12)이 되는데 그것이 (레위) 지파이다. 레위지파에겐 [illegible] 안주고 그대신 각지파에 나뉘어 [48 성읍]에 흩어져 [illegible] 했다. 그러니까 한지파에 4개 성읍정도 →

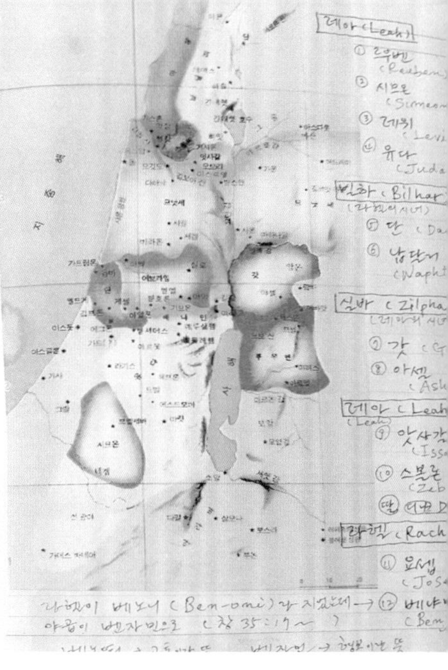

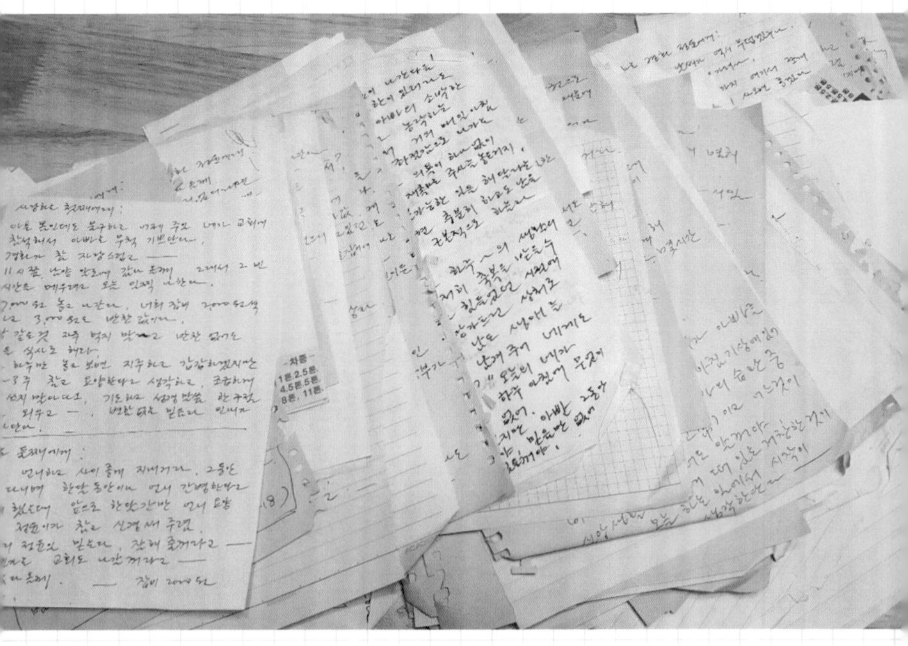

한글 97의 실습문제 예문 가운데 다음과 같은 글이 있었다.

"당신의 자녀들은 당신의 것이 아닙니다.

그들에게 당신의 사랑은 줄 수 있으나 생각은 줄 수 없습니다.

왜냐하면 그들은 자신의 생각이 있으니까요.

당신이 그들처럼 되고자 해도 좋으나 그들을 당신처럼

만들고자 하지는 마십시오."

이 구절이 너무나 마음에 들어서 그 날로 둘째에게 보내는

E-mail에 써 먹었다.

E-mail을 주고 받을 땐 속마음을 읽을 수 있어서 좋다.

컴퓨터가 그려주는 나의 자화상;

그건 호기심 많은 어린아이의 모습이다.

내가 내 안의 또 다른 나에게 묻는다.

"너 언제 철들건데?"

또 다른 내가 대답한다.

"나 벌써 철 들었어. 단지 호기심이 많을 뿐이야."

"시몬느 보봐르가 말햇던가?

- 호기심이 사라지는 순간 노년이 시작된다고-

그럼 안에 있는 넌 아직 할아버지가 아니네. 호기심이 많으니까."

"아니, 할아버지 맞는데 내가 계속 어린아이 같은 동심을 가지니까.

컴퓨터가 그렇게 그려 주는 것이지."

나는 오늘도 순수한 어린아이의 마음으로 교육정보원 제 2 강의실

컴퓨터 앞에 앉았다.

지금이 9시 40분 아직 선생님이 들어오시기까진 20분이나 남았구나.

4층에 가서 커피나 한 잔 마시고 와야지.

오늘도 하나님은혜에 감사드리며...

THE FLOWER

추천사

●

빙산의 일각이란 말이 있습니다. 추운 바다에서 떠다니는 빙산은 수면 위에 있는 얼음은 3%지만
수면 아래에 97%의 어마어마한 얼음이 감추어져 있습니다. 하나님의 은혜가 그와 같습니다. 우리가 인식하는 것보다 훨씬 많은 보이지 않는 하나님의 은혜가 우리 삶을 인도하고 있습니다. 강다윤자매의 글은 감추어 있었던 하나님의 은혜를 일기를 통해 찾아 나가는 아름다운 여정입니다. 그 때는 아팠는데, 그 때는 힘들었는데, 그 때는 감사하지 못했었는데 지나고 나니 모든 것이 하나님의 은혜입니다.
강다윤자매님의 삶에 원치 않은 많은 아픔들이 있었습니다. 그러나 그 아픔들이 이제 하나하나 아름다운 보석이 되어 빛나고 있고, 향기로운 향이 되어 피어오르고 있습니다.
하나님은 아픔을 귀한 약재료로 사용하시는 명의이십니다. 이 책을 통해 강다윤자매 안에 역사하였던 하나님의 은혜를 보고 함께 울고 함께 기뻐하길 소망합니다.

강대형목사
수지선한목자교회 담임목사

●

디지털이 대세인 우리 시대에 가장 목마른 것은 아마 따뜻한 사랑의 대화인 것 같습니다. 분명히 SNS를 통해 경계 없는 소통은 훨씬 많아 진 것 같은데 정작 얼굴과 얼굴을 대면하고 대화 하는 것은 오히려 더 불편하게 느끼게 되었습니다.
이런 우리에게 상처 때문에 인생을 더 깊고 넓게 생각하게 된 한 아빠가 딸들에게 자신이 찾은 지혜를 사랑으로 적어 남긴 편지들이 읽는 이에게 마음의 상처를 치유해 주는 치료제처럼 느껴집니다.
가장 힘들고 어려웠던 시기를 보내던 강다윤 집사님을 옆에서 지켜보면서 넘어질 듯 넘어지지 않고 다시 일어설 수 있는 힘이 어디에서 왔는지 이 책을 보며 알게 되었습니다. 비록 지금은 고인이 되셨지만 아버지의 그 사랑의 기도와 편지들을 통해 여전히 강집사님의 마음에 살아 있음이 느껴집니다. 그리고 이제는 아버지의 사랑으로 다시 길을 찾은 저자를 통해 이 책을 읽는 독자들에게 사랑하는 사람들에게 무엇을 남겨주어야 할지 스스로에게 묻고 사랑하는 사람들을 더 깊이 사랑하도록 하는 각성제가 되리라 믿습니다. 받은 사랑은 흘러가게 되나 봅니다. 이제는 두 아이의 엄마가 되어 아빠에게 받은 사랑의 통로로 살아가시려는 강다윤 집사님의 모습을 보면서 사랑은 전염된다는 것을 새삼 깨닫게 됩니다. 아버지와 하나님께 받은 사랑의 전달자로 강집사님과 이 책 '고마워요'가 하나님의 손에 아름답게 쓰이게 되어 고맙습니다.

왕재천 목사
하늘빛우리교회

●

"소천 8년, 아빠와 딸의 러브레터"
여기 하나님의 은혜의 강을 만난 한 분의 아버지와 딸의 이야기가 있습니다. 2008년 9월, 하나님의 부르심을 받기까지...하나님께서 주신 기업인 딸을 사랑하고 기도하며 살아오신 강홍천 성도님의 이야기입니다. 2016년 7월, 어느 날 아침...강다윤 자매님으로부터 아빠의 편지에 대한 격려사를 부탁받고 생각하던 차에 혹자가 노래하는 것을 들었습니다. 영혼을 두드리는 영음... "당신이 나를 만나고 나를 잊어버려도 당신은 잃은 것이 하나도 없습니다, 그러나 당신이 예수님을 소개 받고 그 분을 잊어버린다면 당신은 모든 것을 잃는 것입니다." 고 강홍천 성도님의 여정은 주님을 만나고 주님과 동행한 복 있는 삶 이었습니다. 또한 천국에 가신지 만 8년차 되는 해에 그 분의 편지를 통해 우리 주 예수 그리스도의 이름이 높아짐은 참 기쁘고 감사한 일입니다. 살아오신 세월들이 평탄하시지는 않으셨지만 하나님의 사랑에 매여 가족과 이웃을 사랑하신 그 귀한 인생여정은 잊을 수 없는 잔잔한 감동으로 남습니다. 강홍천성도님과 강다윤 자매님의 편지들을 읽으시는 독자들과 가정을 통해 주 예수께서 합당한 영광을 받으시기를 기원합니다.

pastor Danielsoo

●

"여호와께서 내게 베풀어주신 모든 은혜를 무엇으로 보답할꼬"
(시116:12)
담벼락 밑에 막 피어나는 작은 나팔꽃은 이리저리로 의지할 것을 찾는다. 그러다가 작고 연약한 강아지풀에 자기의 온 몸을 빙글빙글 감고 예쁜 꽃을 피우고 또 피운다. 결국은 답답한 담을 밝고 아름다운 나팔꽃으로 가득 채운다, 무채색인 발걸음을 밝은 하늘빛 파란색 발걸음으로 바꾼다. 여기에 소개되는 작은 덩굴들은 여린 강아지풀로 만든 울타리 같다. 천국에 계신 故 강홍천 집사님의 가슴으로 흘린 눈물의 흔적이다. 그는 사춘기의 딸들을 혼자 감당해야만 했다. 큰소리대신에 가슴으로 크게 울었다 포기하고 도망하고 싶은 순간에도 그는 기도의 작은 골방을 찾았다.
그 곳에서 눈물로 기도하며 편지를 썼다가 지우고를 반복하며 딸에게 보내는 사랑의 우표를 붙였다.
그 작은 골방의 울림이 세상의 아빠와 딸에게 큰 울림이 되기를 바란다.
자기의 모습을 공개하는 강다윤 자매의 용기에 박수를 보낸다. 그리고 이 글이 모든
아빠와 딸 사이에 또 다른 한 가락의 덩굴을 만드는 징검다리가 되었으면 좋겠다. 불통인 부모와 자녀 간에 소통의 징검다리가 되었으면 좋겠다.
꽃들은 경쟁하며 꽃을 피우지 않는다.
꽃들은 시기하며 꽃을 피우지 않는다.
이 책은 가슴 속에 흐르는 눈물로 다시 피어나는 꽃이다. 아빠와 딸의 가슴에 꽃을 피우는 책이 되었으면 좋겠다.

차종환 목사
장유 덕정로교회 담임목사

•

아버지와 딸 사이에 세워진
십자가가 참 아름답습니다. 십자가를
품었기에 아버지는 육신의 지독한
아픔가운데서도 하나님을 향하여
탄식과 원망이 아니라 감사를
고백하십니다. 그리고 십자가 저편의
딸에게 당신의 생을 통하여 인생의
유한함과 심령의 가난함을 부단히도
말씀하십니다. 그런 아버지의 신앙이
한 때는 이해가 되지 않았습니다.
그러나 이제 십자가를 통하여
그 십자가의 몸부림이 아픔이
아니라 진리와 영원을 품은 성도의
거룩함이었음을 발견하게 됩니다.
십자가, 그 영광과 생명의 자리에서
아버지와 딸이 사랑으로 서로를
마주하는 글을 출판하게 되심을
축하드립니다.
이봉규목사 수지선한목자교회
1교구담당

•

이 글을 접하는 분께 먼저 하나님께
감사드립니다. 제가 바랬던 부분,
그분의(저의사돈)의 인품을 많은
분 들게 알리고 싶어 글을 쓰게
되었습니다. 주님께서 좋은 인연을
맺어 주심을 감사드리면서 다윤이
아버지께선 믿음 속에서 모든
재능과 인격, 글, 그림, 심지어
글씨까지 모든 부분에서 훌륭하시고
뛰어나신 부분들이 많으신 데도 고난
중에 드러내지 못한 부분이 못내
안타까웠답니다. 사돈이 가지신 모든
것을 다윤이에게 주심과 빛을 보게
해 주심이 주님의 은혜라고 생각하니
자랑스럽고 사돈이 존경스럽습니다.
이 책을 아름답게 만들어 주실 것을
주님께 감사드리면서 이 시대 자라는
아이들에게 많은 귀감이 되었으면
하는 바램으로 몇 자 적었습니다. 모든
영광을 주님께 드리면서..
박영애집사, 시어머니

•

소소한 일상 속에서 딸에 대한 애틋한
사랑이 묻어 있는 잔잔하지만 깊은
사랑 그리고 그 사랑에 신앙과 삶으로
대답하려는 딸의 진지한 묵상이
그려진 부녀의 대화들이 이 책을
만나는 다른 이들에게도 공감하며
열매 맺는 작은 씨앗들로 그들의
가슴에 뿌려지길 기도합니다. 또한
어려운 상황 속에서도 연약하지만
강하게 일어서서 책을 통해 주님을
전하는 일을 해낸 아내와 저에겐
잊을 수 없는 돌아가신 장인어른에게
사랑을 전합니다.
김도영집사, 남편,
수지선한목자교회

•

돌아가시기 전 아빠는 "너희에게
미안하다. 하지만 다 내려놓고
싶은 순간에도 너희 손을 절대
놓지 않았다는 것은 알아줬으면
좋겠다"라고 말씀하셨습니다. 그때는
그 말의 의미를 잘 알지 못하였지만
이제 와서야 그 말씀에 얼마나
우리를 향한 아빠의 큰 사랑이
담겨져 있는지 느껴집니다. 아빠의
그 크신 사랑이 있었기에 우리는
그 힘들고 외로운 삶을 이겨낼 수
있었습니다. 인생의 멘토이자 믿음의
멘토였던 아빠...너무나 그립고 너무나
사랑합니다.
또한 말로는 담을 수 없는 아빠의
사랑과 추억을 이렇게 책으로 만들어
낸 언니의 용기와 노력에 감사를
드리며 힘든 시간을 잘 견디고 이겨낸
언니를 늘 응원합니다. 이 책을 통하여
많은 분들이 가족 간의 사랑과 믿음이
회복되기를 바라며.. 마지막으로
출판의 이 모든 과정을 인도하시고
함께하신 하나님께 무한한 감사를
드립니다.
강정윤, 동생, 임마누엘교회

●

아들딸을 키워 결혼시킨 부모의 입장에서 정독한 본서는 아버지와 딸과의 아름다운 관계의 결정체와 같고 아침이슬 머금은 청초한 꽃들이다. 아버지의 진정한 사랑이 어떤 것인지 딸의 참된 순종이 어떤 것인지를 보여주고 우리를 그 경지에 이르게하는 지침서이기도하다. 마음깊이 새겨진 감동이 이 세상에 사는 날 동 안 남아있을 것 같다. 평생 내 옆에 간직하고픈 책이다.
박창용장로
금오공과대학교 교수

●

그녀를 처음 만난 모습은 하얗고 여린 모습입니다. 커다란 눈은 초롱하니 커다랗고 단정합니다. 그런 그녀가 그리 강단 있고 열정적인걸 알게 됩니다. 그 여린 모습으로 시험 같은 그 거친 삶의 바람도 견디는 모습을 접할 때마다 감동하며 배웁니다. 그녀의 발전을 기원하며 그녀에게 항상 건강한 행복이 함께하기를 바랍니다.
김은정 그림작가(그림향기)

●

다윤 자매를 분당우리교회에서 인연을 맺은 지 13년이 되었습니다.
자매의 다양한 재능이부러웠습니다.
그 중에서도 나중에 하나님의 사랑을 그림으로 표현하고 싶다는 말을 듣고 희망을 가져보았습니다.
영혼을 살리는 그림들이 세상에 나왔으면 좋겠다는 꿈을 가져보았는데 언젠간 그 꿈을 이루리라 믿습니다.
이번에 아빠의 편지와 일기를 통해 다윤자매가 하나님을 사랑하는 마음으로 책을 펼쳐 보이니 읽는 사람마다 영혼을 살리는 책이 되길 간절히 바라며 기도로 나아갑니다.
전승희집사, 선한사마리아인교회

●

고마워요...이 책을 통해 주님의 사랑이 독자들에게 충만히 부어져 치유와 회복이 있길 기대합니다.
김형옥권사
수지선한목자교회

●

20년지기 친구인 다윤이가 아빠의 편지와 자신의 묵상일기로 책을 낸다는 소식에 너무나 반가웠습니다. 어렵고 힘든 일이 있을 때 마다 감사하며 다시 일어서는 친구의 모습에 저도 힘을 얻을 때가 많았습니다. 딸에게 자주 편지를 통해 아빠와 하나님의 사랑을 전하는 모습을 그대로 닮은 다윤이.. 다윤이의 재능을 통해 아빠에 대한 사랑과 감사함, 따스함을 담아내고 있답니다. 다윤이의 책을 통해 우리 안에 살아있는 사랑과 감사의 불씨가 더 커져서 우리의 삶이 더 풍성해지리라 기대됩니다. 삶의 향기가 있는 다윤이의 작품이 너무너무 기대가 됩니다.
홍문자집사(주다산교회)

●

세상 그 무엇과도 바꿀 수 없는 소중한 유산을 아빠가 남겨주셨네요. 아빠와 딸 사이의 따뜻한 정을 담아낸 빛바랜 편지가 독자의 마음을 따뜻하게, 세상을 아름답게 해 줄 것입니다. '고마워요' 출간을 진심으로 축하드립니다.
김영석권사(수지선한목자교회)

우리가 알거니와 하나님을 사랑하는 자, 곧 그의 뜻대로 부르심을 입은
자들에게는 모든 것이 협력하여 선을 이루느니라.
(로마서 8장 28절)

고맙습니다

초판 1쇄 인쇄 2016년 10월 26일
초판 1쇄 발행 2016년 11월 4일

글 / 강홍천, 강다윤
그림 · 사진 · 꽃꽂이 / 강다윤, 김은정, 코티지
캘리그라피 / 복희캘리
표지꽃꽂이 / 강다윤

디자인 / 정혜경
인쇄 / 프린트 잇

펴낸곳 / 네모난 쿠키
출판등록 / 2016년 3월 21일 416-94-11190
주소 / 경기도 화성시 동탄지성로 333
전화 / 010-7357-7530
이메일 / aromak1@naver.com

ISBN / 979-11-958633-7-2 (03230)

*이 도서의 국립중앙도서관 출판도서목록(CIP)는 서지정보 유통지원시스템 홈페이지(http://seoji.nl.go.kr)와 국가자료공동목록시스템(http://www.nl.go.kr/kolisnet)에서 이용하실 수 있습니다.
(CIP제어번호: CIP2016018917)